Imprimatur

Nous, François Lagrange,
Évêque de Chartres,

Vu le rapport favorable à nous présenté
par M. l'abbé Pouclée,
Vicaire-Général, Official du diocèse,
Accordons très volontiers l'*Imprimatur*
à l'Histoire de sainte Philomène,
par Madame la Comtesse de Chabannes,
Et faisons des vœux pour que cet ouvrage
soit aussi utile aux âmes que les autres écrits
sortis de cette plume élégante, érudite et pieuse.

Chartres, le 12 novembre 1890.

Sainte Philomène, Vierge et Martyre,

priez pour nous.

Fille de la Lumière

Sainte Philomène

Vierge et Martyre

sa vie, ses miracles, son culte

La Croix de Coujouls
19220 AURIAC
France

Tél : 05.55.28.02.01
Fax : 05.55.28.39.78

ISBN : 2-916075-05-4
ISSN : 1767-1191 (Collection Prière et Dévotion)

Fille de la Lumière

Sainte Philomène

Vierge et Martyre

sa vie, ses miracles, son culte

par la Comtesse de Chabannes

auteur de

« la Vierge Lorraine,

Jeanne d'Arc »

Réédition conforme au texte d'origine de 1891.

Collection Prière et Dévotion

Avant-propos

« La Providence a ses heures dans la vie des peuples, comme dans celle des hommes, aussi réserve-t-elle à chaque siècle, comme à chacun des besoins de son Église, un protecteur et un modèle chargé de leur distribuer la grâce en rapport avec les nécessités présentes. C'est comme un astre nouveau apparaissant dans cette constellation glorieuse des élus et qui, se rapprochant de la terre, l'inonde de ses vivifiantes clartés »[1].

Telles sont les causes auxquelles on peut attribuer l'expansion prodigieuse et si populaire du culte de sainte Philomène.

La dévotion à cette illustre Thaumaturge est comme un baume salutaire sorti des divins trésors, pour la guérison des maux dont souffre la société moderne. C'est un rayon lumineux sur lequel brillent ces mots : *« Foi, Chasteté, Détachement »* ; il vient du Ciel ranimer ces sentiments dans nos cœurs. De son sépulcre tant de fois séculaire, la Vierge Martyre nous rappelle ces vertus sublimes, nous prêche le mépris de la terre et le désir du Ciel.

Et voilà pourquoi après avoir écrit la vie de Jeanne d'Arc, cette héroïque Vierge, suscitée de Dieu au XVe siècle pour sauver la France, nous venons retracer les vertus et les prodiges de l'aimable Sainte que le Cœur adorable de Jésus, dans sa bonté infinie a tirée du sommeil de la mort au commencement du XIXe siècle, pour régénérer notre chère patrie, la préserver du naufrage qui la menace, et la conduire au port.

Ajoutons aussi que l'introduction du procès de Béatification du curé d'Ars dont la mémoire est si intimement liée à celle de sainte Philomène, donne à notre travail une véritable actualité. Oui, nous le disons en toute simplicité, écrire une telle monographie, vaste dédale dans lequel les détails, touchant le culte de la Sainte et les faits miracu-

---

[1] M. l'abbé Petit. – Histoire de sainte Philomène. 1875.

leux, s'entrelacent et se multiplient à l'infini, est un véritable travail qui demande, de la part de l'auteur, s'il ne veut pas se borner au rôle de *plagiaire* ou de simple *copiste,* de longues et minutieuses recherches, de sérieuses études et de mûres réflexions.

Afin de nous renseigner d'une manière certaine, nous avons écrit à Rome, à Naples, à Mugnano, à Ars et à bien d'autres localités encore ; les obligeantes réponses que nous en avons reçues et surtout les mémoires de sainte Philomène sortis des archives publiées par le Révérendissime Dom Gennaro (le recteur du béni sanctuaire), en continuation des écrits de Dom François de Lucia, nous ont fourni d'importants documents qui sont venus se joindre à ceux que nous avions déjà tirés d'ouvrages autorisés. Nous avons aussi rapporté des faits *inédits* et *contemporains,* fleurs charmantes qui n'ont rien perdu encore de leur fraîcheur ni de leur suavité ; nous avons surtout sollicité des prières afin de ne pas rester au-dessous de la noble et sainte tâche que nous avons entreprise avec confiance et foi désirant offrir ainsi à la chère Sainte comme l'humble ex-voto d'un cœur reconnaissant.

Les fidèles serviteurs de sainte Philomène trouveront, dans notre monographie pour satisfaire leur dévotion envers cette illustre *Thaumaturge, une neuvaine de méditations et de prières* à Sainte Philomène ; un *Triduum* d'actions de grâces, des litanies ; enfin la reproduction in extenso des révélations de la Vénérable Marie de Jésus.

Maintenant, cher petit livre, va, va sur les ailes de l'espérance et de l'amour, dans tous les lieux où sainte Philomène est pieusement honorée, pour redire, à ceux qui chérissent sa mémoire, son douloureux martyre, ses célestes gloires et ses innombrables bienfaits.

Comtesse de Chabannes.

Déclaration de l'auteur.

Conformément aux décrets d'Urbain VIII et autres Souverains Pontifes, je déclare que, dans le récit des révélations, miracles, prodiges, contenus dans cet ouvrage, je n'ai voulu en rien prévenir les décisions de la sainte Église Romaine, à laquelle je fais profession d'être entièrement soumise d'esprit et de cœur.

Première partie

Invention et translation du corps de sainte Philomène.

Chapitre 1

Invention du corps de sainte Philomène.

25 mai 1802.

Parmi les différents sépulcres de martyrs qui furent découverts
dans les fouilles que l'on fit, suivant l'usage, aux Catacombes de Sainte-Priscille
sur la voie Salaria, se trouve celui où fut déposé le corps de sainte Philomène,
comme on le lisait sur l'inscription du tombeau,
gravée sur trois panneaux de terre cuite. On a trouvé là une fiole de sang
et on y a vu gravés d'autres symboles de son martyre.
Office propre de la Sainte (IV Leçon).

Entre toutes les nombreuses Catacombes qui partagent la Rome souterraine, la plus illustre est incontestablement celle de Sainte-Priscille. Située à gauche, sur la voie Salaria-Nuova, non loin du pont du Téverone, cette catacombe doit son nom à une sainte et généreuse matrone, mère du sénateur Pudens, qui donna l'hospitalité à saint Pierre, lorsqu'il arriva la première fois à Rome, neuf ans après l'Ascension de Jésus-Christ. Priscille se distingua, pendant persécution de Néron, par son zèle à recueillir les ossements des martyrs. Son culte pour les saints lui inspira bientôt d'ouvrir elle-même un cimetière dans l'enceinte de ses domaines ; toutes les persécutions envoyèrent leurs dépôts de héros à la vaste nécropole. Sous Dioclétien, ils furent innombrables !

Ce cimetière, qui, par son étendue, pourrait être appelé une cité souterraine, fut découvert au XVIe siècle. A cette époque néfaste où la main sacrilège du protestantisme avait dépouillé l'Église catholique des nombreuses reliques de ses saints et de ses martyrs, elle put réparer ses pertes et enrichir de nouveau ses temples et ses autels de ces trésors si chers à la piété des fidèles.

C'était dans les Catacombes, l'histoire ecclésiastique nous l'apprend, qu'au temps des persécutions, les chrétiens se réunissaient pour participer aux saints mystères.

C'était dans ces ténébreuxs souterrains qu'ils transportaient, au péril de leur propre vie, le corps de ceux qui avaient trouvé la mort dans les saints combats de la foi.

On y voit encore les *Loculi* ou *tombeaux* dans lesquels ils donnaient la sépulture à ces héroïques et saintes victimes.

Ces tombeaux sont creusés horizontalement, à droite et à gauche d'allées étroites et tortueuses, s'élevant au-dessus les unes des autres, dit Mgr Gaume, comme les rayons d'une bibliothèque.

Chaque année on a la coutume de faire à Rome des fouilles dans ces lieux bénis consacrés à la sépulture des martyrs. Or, le 24 mai 1802, tandis que les fossoyeurs déblayaient le cimetière de Sainte-Priscille désigné pour ces opérations souterraines, tout à-coup l'un d'eux heurta sa pioche contre une pierre sépulcrale... Ces pieux ouvriers suspendirent leurs travaux, et informèrent immédiatement de leur découverte le prélat préposé par le pape Pie VII à la reconnaissance et à l'ouverture des tombeaux. Celui-ci fixa la cérémonie de l'examen au lendemain. On ne saurait assez faire ressortir avec quel soin extrême s'opère, selon les décrets du S. Siège, l'examen des sépulcres des saints martyrs et la reconnaissance des saintes reliques. Une Congrégation spéciale qui porte ce nom, composée d'éminents cardinaux et de très doctes prélats consulteurs, a la charge de décider et de juger de leur identité, observant spécialement s'il existe dans le *loculus* la fiole de sang et la palme (indices certains du martyre), selon le décret de Clément IX, confirmé par sa sainteté Pie IX.

Dès le matin du 25 mai, Mgr Giacinto Ponzetti le prélat examinateur, à la tête d'une phalange de prêtres et de pieux laïques, et précédé de quelques fossoyeurs munis de torches allumées, descendit la voie Salaria à cinquante pieds au- dessous du sol.

Plusieurs escaliers cachés dans les vignes conduisent à une grande et belle chapelle ornée de peintures murales. Sortis de cet antique sanctuaire, les pieux fidèles furent obligés plusieurs fois de ramper sur leurs mains à travers la boue formée par les infiltrations incessantes des eaux. Le trajet fut aussi long que pénible dans ces galeries basses et tortueuses ; mais qui se plaint des aspérités du chemin quand il a conduit un trésor ? On marcha, on rampa avec courage jusqu'à ce qu'on entendit retentir sous ces voûtes obscures et silencieuses le mot de bonheur : *« Ecce ! Voilà ! »* Le fossoyeur qui éclairait la marche donna ainsi le signal d'arrêt. Aussitôt le dignitaire ecclésiastique s'avança et, promenant lentement sa torche sur toutes les parties du loculus, il l'examina avec la plus religieuse attention.

Qu'elle est touchante dans les profondeurs de la terre, cette cérémonie religieuse, par laquelle la sainte Église ramène à la surface du monde animé les restes mutilés d'un de ses enfants, arrachés à la rage des persécuteurs ou à la dent des bêtes de l'amphithéâtre par leurs frères dans la foi du Christ...

Aussi cette tendre mère ne peut-elle en ces moments solennels se défendre d'éprouver, par l'entremise de ceux qui la représentent, des émotions aussi vives que saintes.

La pierre tombale du *Loculus* se composait de trois tuiles en terre cuite, placées de champ dans une mortaise et entourées de ciment. Mais ces humbles tablettes portaient une inscription en lettres rouges et d'autres signes révélateurs qui attirèrent l'attention du prélat et des témoins de cette émouvante découverte.

L'inscription était échelonnée de cette manière sur les trois tuiles : *Lumena + Pax + tecum Fi,* ce qui n'offrait aucun sens ; il suffit pour le rétablir de reporter la 1ère tablette qui contenait le mot de *lumena* à la suite des deux autres et l'on obtient ainsi une inscription complète et intelligible : *Pax tecum Filumena.*

Ce genre de déplacement ne saurait surprendre quand on pense avec quelle rapidité il fallait procéder à la sépulture des martyrs et au peu de science et d'habileté de la plupart des fossoyeurs chargés de cette périlleuse fonction.

Le *Pax Tecum* rappelait le souhait que les premiers chrétiens gravaient sur les tombes de leurs frères en souvenir du salut donné par Notre Seigneur à ses Apôtres après sa glorieuse Résurrection.

Filumena [2], était le nom de celle qui reposait glorieusement dans cette tombe ; inscription bien précieuse parce qu'un grand nombre de tombes en sont privées, le temps ayant souvent manqué pour la graver sur la pierre sépulcrale.

On voyait aussi sur les tuiles du loculus une ancre placée sous son nom, une palme, signe de l'éclatante victoire remportée sur les persécuteurs.

Une sorte de fouet, servant au supplice de la flagellation, trois flèches disposées de différentes manières, comme pour indiquer que la sainte avait été trois fois soumise à leur douloureuse action, enfin un lys symbolisait son innocence et sa virginité.

Mais il y avait un signe du martyre plus certain et plus vénérable que les engins du bourreau, c'était, comme nous l'avons fait observer, le sang de la victime, aussi Mgr Ponzetti, après s'être bien assuré du

---

[2] Selon l'étymologie latine, le nom de la Sainte devrait s'écrire Filomène et signifierait alors *fille de la lumière*. Le Ph indiquerait au contraire que ce nom dérive d'une racine grecque et signifierait *aimée*. Sans trancher la question nous avons conservé l'orthographe généralement adoptée en France, ne voulant pas faire du nouveau dans une chose qui est, au fond, de peu d'importance.

scellement de la tombe, fît-il procéder sans délai à la recherche du sang précieux de la Sainte.

Cette recherche importante ne présentait d'ailleurs aucune difficulté, les chrétiens ayant l'habitude de renfermer le sang des martyrs dans une petite fiole de verre ou de terre cuite, qu'ils plaçaient toujours à l'extérieur de la tombe, incrustée dans le ciment ou le plâtre qui servait de revêtement.

Un ouvrier, armé d'un outil pointu, piqua légèrement le plâtre à l'une des extrémités du Loculus ; et plusieurs couches de chaux tombèrent aussitôt en écailles et laissèrent entrevoir la précieuse ampoule dont les parois étaient encore recouvertes d'un sang desséché qu'on s'empressa de recueillir avec un saint respect dans une urne de cristal.

Mais par un prodige qui fut rapporté dans le procès-verbal de l'inventaire des saintes reliques, ces parcelles, en se détachant de l'ampoule se transformaient en divers corps brillants, reproduisant dans leur ensemble la couleur de l'arc-en-ciel [3].

A peine eût-on contemplé et vénéré le sang de la glorieuse Martyre, que, sur l'ordre du prélat examinateur, on enleva la pierre tombale qui depuis tant de siècles dérobait aux pieux regards des fidèles ces dépouilles mortelles.

Au moment où les ossements bénis apparurent, toute l'assistance se prosterna bénissant Dieu de cette grâce insigne. Une tête fracturée, de petite dimension, des os de proportions délicates, faisaient présumer que la Sainte, au moment de sa mort, pouvait être âgée de 12 à 13 ans.

On était donc en présence d'une aimable Vierge appelée aux noces de l'Agneau dans la fleur de l'adolescence. Impossible de redire l'ineffable joie des témoins en présence de la ravissante auréole qui en-

---

[3] Cette merveille, consignée dans le procès-verbal, s'est plusieurs fois renouvelée à Mugnano.

tourait ce front si pur. Alors, au sein de la terre retentit pour la première fois cette invocation répétée depuis près d'un siècle sur toute la surface du globe, et qui trouve toujours un si puissant écho dans le Ciel : « *Sainte Philomène, Vierge et Martyre, priez pour nous !* »

Dès que la dévotion des fidèles fut satisfaite, on déposa les vénérables reliques dans une longue caisse en bois capitonnée à l'intérieur de coton très fin, fermée et scellée en trois endroits différents, Mgr Ponzetti donna le signal du départ, et la pieuse procession se mit en marche ; comme les lévites d'Israël qui transportèrent un jour l'Arche sainte dans la ville de David, au chant des hymnes de victoire, ainsi les prêtres de la nouvelle loi, alternant des actions de grâces avec les fidèles recueillis, portèrent le dépôt sacré des entrailles de la ville souterraine jusqu'aux bords de la Rome supérieure. « *Voici ceux qui sont venus de la grande tribulation, et qui lavèrent leur robe dans le sang de l'Agneau ! Chantaient les ministres de Jésus-Christ ; et le peuple de répondre : « Vos serviteurs ne craignent pas les coups des bourreaux ; c'est pourquoi vous m'avez donné une place d'honneur dans le royaume de votre Père ».*

Arrivé à l'entrée de la voie Salaria, le cortège s'arrêta. C'était l'endroit où, à la lumière du jour, on dut remplir, pour l'ouverture de la caisse, les formalités prescrites en de semblables circonstances. Le dignitaire ecclésiastique brisa les trois sceaux qu'on y avait apposés au fond de la crypte, l'ouvrit sous les yeux des nombreux assistants, et dressa le procès-verbal de ce qui avait eu lieu. Ce document fut lu à haute voix, signé par les témoins, revêtu du sceau de l'Evêque et déposé dans la caisse qui reçut de nouveau les empreintes canoniques de l'authenticité des saintes reliques. Toutes ces cérémonies étant terminées, cette caisse fut emportée à la Custode générale, modeste Panthéon chrétien, où reposent les héros de la foi, attendant les ordres du Vicaire de Jésus-Christ pour aller recevoir dans l'Église les hommages de la vénération et de la confiance du monde catholique.

Chapitre 2

Translation du corps de sainte Philomène à Mugnano-del-Cardinale.

du 1er juillet au 10 août 1805.

Le bourg de Mugnano situé à dix-neuf milles de Naples est devenu célèbre...
car c'est là que repose le corps d'une jeune Martyre des premiers siècles.
Son nom est connu de tous les chrétiens. Elle s'appelle sainte Philomène.
Mgr Gaume, (tome III).

En Italie, dans la Campanie septentrionale, non loin de la ville de Nole, le petit village de Mugnano-del-Cardinale [4] apparaît aux regards, gracieusement adossé contre le flanc pittoresque des montagnes qui parcourent toute la péninsule Italique.

De là comme d'un foyer ardent, un prêtre missionnaire, Dom François de Lucia faisait rayonner, au commencement de ce siècle, sur les villes du royaume de Naples, la bienfaisante chaleur de son âme d'apôtre. Aussi pieux que zélé, il désirait vivement posséder dans sa chapelle domestique un corps saint de *Nom propre.* Étant venu à Rome pour accompagner Mgr de Cesare, évêque nommé de *Potenza,* il saisit cette occasion favorable pour formuler sa demande, que voulût bien appuyer son vénérable ami... Conduit près des reliques qui forment un des plus riches trésors de la ville éternelle, le bon prêtre éprouva une émotion si visible en présence des restes de sainte Philomène que Mgr Ponzetti, prélat gardien des saintes reliques, s'en étant aperçu, lui promit de lever les difficultés qui s'opposaient à ce que ces précieuses dépouilles lui fussent accordées.

Dans l'exaltation de sa joie, Dom François se hâta d'annoncer cette heureuse nouvelle à ses amis et d'écrire à Naples et à Mugnano pour assigner l'époque de son retour.

---

[4] Ce surnom lui vient d'un bourg voisin où le cardinal d'Aragon s'était retiré.

Cependant les jours se succédaient, et la Custode n'exécutait pas sa promesse. A la fin, Mgr Ponzetti fit dire à Dom François, qu'il lui était impossible d'accéder à ses désirs ; les excavations annuelles fournissant peu de corps de noms connus, on ne les accordait qu'à des Évêques ou à des Églises ; mais qu'il lui offrait de choisir entre plusieurs autres sans noms dont il lui envoyait la liste.

Le saint prêtre se vit alors dans un grand embarras, non seulement à cause des préparatifs qu'il avait faits pour emmener les saintes reliques, mais aussi par suite de la perplexité dont il se sentait saisi, lorsqu'il voulait songer à porter son choix sur une autre que sainte Philomène. Par un de ces coups soudains dont la Providence divine a seule le secret, ces difficultés si grandes ne servirent qu'à faire connaître plus clairement sa volonté par rapport à la destination de ce saint corps ; car peu après, sans que notre missionnaire osât même y penser, il en devint d'abord le dépositaire, puis le maître.

Ces dépouilles sacrées reposaient, ainsi que nous l'avons déjà dit, dans une cassette ornée à l'intérieur, et munie en dehors des sceaux authentiques, avec l'empreinte du cardinal *Giulio della Somaglia*, vicaire du pape Pie VII ; de Mgr Benedetto Ferraia, Archevêque de Filippi, vice-custode, et de Mgr Giacinto Ponzetti, gardien des saintes reliques. Cette cassette fut remise à Dom Lucia qui ne songea plus qu'à la transporter au plus tôt dans sa patrie, et le 1er juillet 1805 Mgr de Cesare et l'heureux missionnaire quittèrent la ville éternelle avec cet inestimable trésor qu'ils se promirent de ne pas perdre de vue, afin de lui rendre de continuels hommages.

Ils arrivèrent le lendemain à Naples, le cœur rempli de reconnaissance pour la protection signalée que la Sainte leur avait accordée dans un passage périlleux où l'attelage ayant été violemment tué, la voiture devait verser et se briser.

Un fervent chrétien, dom Antonio Terrès, eût l'insigne honneur d'être choisi par la Providence comme autrefois Abinadab, pour recevoir dans sa maison l'*Arche sainte,* qui contenait les ossements de la Vierge Martyre.

Ce fut dans son oratoire, qu'en vertu d'une délégation de l'évêque de Nole [5] dans le diocèse duquel se trouve Mugnano, Mgr de Cesare, après avoir récité de ferventes prières, fit la reconnaissance des Reliques, munies, comme nous l'avons dit plus haut, du sceau authentique. La cassette, outre le procès-verbal de l'invention du saint Corps, renfermait 5 paquets : 1° Le Vase de sang ; 2° le Chef de la Sainte ; 3° Trois paquets de fragments d'os unis aux cendres produites par la destruction de la chair.

Madame Angela Rosa, la pieuse épouse d'Antonio Terrès, procéda aussitôt à la Vêture d'une effigie de la Sainte dans l'intérieur de laquelle le Pontife introduisit avec un religieux respect la fiole de sang et les dépouilles de l'élue du Seigneur, et enferma ensuite le tout dans une châsse d'ébène dont le devant et le côté en cristal laissaient apercevoir le corps figuré de la Sainte ; puis il posa sur cette châsse quatre sceaux selon la forme canonique.

La statue était richement parée et couchée sur des coussins de velours rouge, la tête couronnée de fleurs et portant dans ses mains les attributs de la virginité et du martyre.

Sainte Philomène ne tarda pas à montrer combien le zèle qu'avait mis madame Rosa Terrés à parer son image lui avait été agréable, en la guérissant complètement d'un mal incurable dont elle souffrait depuis 12 ans.

Le bruit de toutes ces merveilles s'étant répandu dans Naples, pour satisfaire la piété des fidèles on transporta la sainte Châsse dans l'église paroissiale de San Angelo a Segno où elle fut exposée sous un riche baldaquin, du côté de l'Evangile, sur l'autel dédié à Notre-Dame des grâces. Nouvelle preuve de ce que nous dit saint Bernard que Dieu

---

[5] Qui tenait de Rome ce pouvoir.

nous fait passer tous ses dons par les mains de Marie, et heureux présage des bienfaits que la T. St Vierge, par l'entremise de sainte Philomène, allait répandre sur le monde. Néanmoins, pendant les trois jours qu'elle y resta aucun prodige n'eut lieu. Le clergé et les paroissiens avouèrent depuis que, s'ils en avaient obtenu, ils étaient décidés à retenir ce dépôt sacré.

L'absence de tout miracle en fut donc un véritable, et en même temps un signe de la volonté de Dieu qui avait résolu de faire ce don insigne à la petite ville de Mugnano, par préférence à la riche et populeuse cité de Naples. On se, décida donc à reporter le corps a sa première demeure, l'oratoire de la maison Terrès, et à peine y fut-il revenu qu'il s'opéra deux nouvelles guérisons.

La *première* sur un avocat Dom Michel Ulpicilla qui, atteint depuis six mois d'une sciatique rebelle à tout remède, avait été délivré de son mal en priant devant les reliques de la Sainte.

La *seconde* sur une noble dame affligée d'un ulcère à la main, envahi par la gangrène ; la malade ayant mis le soir sur sa plaie des linges qui avaient enveloppé les ossements de sainte Philomène, le lendemain matin, quand le chirurgien vint pour faire l'opération, la gangrène avait entièrement disparu.

Le départ pour Mugnano s'effectua le 9 août après le coucher du soleil. Les bons Mugnanais disaient, dans la naïveté de leur foi, que si la nouvelle Sainte voulait devenir populaire parmi eux, elle devait leur envoyer une pluie qu'ils attendaient en vain depuis plusieurs mois. Ô prodige ! le son des cloches, qui annonçait à Mugnano que sa protectrice laissait Naples, pour se rendre à la résidence de son choix, avait à peine cessé, qu'une pluie abondante vint tempérer la chaleur et rendre le voyage moins pénible.

On avait posé la sainte châsse sur un brancard que portaient sur leurs épaules deux hommes robustes de Mugnano. L'un d'eux, au contact de ce précieux fardeau, se trouva subitement guéri des douleurs néphrétiques dont il souffrait cruellement.

Pendant le trajet, bien que le ciel fût couvert de nuages, la lune apparut entourée d'un cercle brillant qui projetait, au milieu de l'obscurité, une lumière inaccoutumée sur la châsse et son pieux cortège.

A Cimitilla, près de Nole, l'urne devint tout à coup d'un poids écrasant, et ne recouvra sa légèreté première qu'après avoir passé cette terre baignée autrefois du sang de S. Janvier et de ses compagnons, martyrs.

Déjà l'aurore blanchissait à l'horizon, les fidèles arrivaient par petites troupes, l'écho répétait leurs chants pieux, et l'on voyait des troupes d'enfants, avec des rameaux d'olivier à la main, sauter de joie autour des reliques, jeter en l'air leurs chapeaux et répéter incessamment le cri de « *vive la Sainte !* »

A Cardinale, pour satisfaire la pieuse curiosité de cette multitude, Dom François fit arrêter le cortège et découvrir la sainte châsse ; mais au même moment, il s'éleva un vent impétueux qui menaçait de la renverser. Le peuple à cette vue fut saisi de frayeur. L'homme de Dieu le rassura en affirmant que c'était un effet de l'esprit de ténèbres furieux de voir arriver dans ces contrées la grande Sainte qui devait en être la protectrice. « *Conjurons-la,* s'écria l'homme de Dieu, *de déjouer sa malice infernale.* » Dociles à sa voix tous prièrent avec foi ; le calme se fit, le beau temps revint, et, chose admirable, les tourbillons de l'ouragan n'avaient pu éteindre les cierges qui brûlaient autour de la sainte châsse.

Le cortège reprit ensuite sa marche au milieu d'une foule toujours croissante. Arrivé dès l'aurore à Mugnano, on fit processionnellement le tour du pays, et l'on entra dans l'église où les prêtres déposèrent la sainte châsse sur l'autel majeur de N. D. *des Grâces* du côté de l'Évangile. Elle était surmontée d'un magnifique baldaquin.

Une grand'messe chantée en musique fut le couronnement de cette merveilleuse translation.

En cette mémorable journée du 10 août 1805 les habitants suspendirent toute œuvre servile [6], et pendant les huit jours de l'Octave, sanctifiés par de continuelles visites dans le sanctuaire renfermant la sainte châsse, on remarqua une telle réforme de mœurs dans le peuple qu'elle surpassait même les effets qu'aurait pu produire une fervente mission.

Le lendemain 11 août, qui était un Dimanche, l'Église s'emplissait à chaque instant d'une multitude de personnes de tout âge, de tout rang, de tout sexe, avides de vénérer la nouvelle Sainte.

On espérait que le Seigneur glorifierait son nom par quelques prodiges ; et plusieurs de ces *impatients contadini* commençaient à dire : « *mais quand donc notre sainte fera-t-elle des miracles ?...* » Déjà le Ciel leur avait répondu, car la nuit même de l'entrée de sainte Philomène, l'un d'eux nommé Ange Bianco, qu'une goutte cruelle retenait au lit depuis plusieurs mois, apprenant l'arrivée du saint Corps, promit de l'accompagner à la procession, s'il était délivré de ses douleurs. Il fut exaucé et, fidèle à son vœu, il fit le long parcours, sans en ressentir aucune fatigue, au grand étonnement de tous ceux qui connaissaient son infirmité.

Le dernier jour de l'Octave, une pauvre veuve avait porté à l'église son enfant âgé de 9 ans ; le cher petit était tellement paralysé qu'il ne pouvait ni marcher ni rester debout. Chargée de son intéressant fardeau, la pauvre femme entendit la messe avec ferveur près des restes sacrés de sainte Philomène. Au moment de l'élévation, tout à coup l'enfant s'échappa de ses bras et alla se jeter à genoux devant les saintes reliques... « *Miracle ! Miracle !* » s'écrièrent d'une seule voix les nombreux témoins de ce prodige. Le saint sacrifice étant achevé l'enfant fit le tour

[6] Cet usage est encore observé.

du village, marchant rapidement, aux acclamations du peuple qui le suivait.

Le soir, à vêpres, la foule était plus compacte encore que le matin. Or dans cette nombreuse assistance se trouvait une femme d'Avella, tenant dans ses bras une enfant d'environ deux ans, que la petite vérole avait rendue aveugle ; les médecins de Naples avaient déclaré le mal incurable, mais la mère, pleine de foi se fait jour à travers la multitude ; arrivée près de la châsse, elle s'agenouille un instant, et, sous les regards émus de ceux qui l'environnent, elle prend de l'huile de la lampe qui brûlait en l'honneur des saintes reliques ; avec une confiance toute surnaturelle, elle en frotte les paupières de la petite aveugle et aussitôt l'enfant ouvre les yeux, elle voit sa mère.... lui sourit... l'embrasse... elle est complètement guérie.

A ce miracle manifeste, nouveaux cris de joie, nouveau tumulte produit par l'allégresse et la reconnaissance ; le peuple qui est hors l'église fait écho à celui qui se trouvait au dedans ; le prédicateur (car ceci avait lieu pendant le sermon) ne peut plus se faire entendre et, comme tous demandaient à grands cris qu'on leur montrât la petite *miraculée,* un prêtre la prit entre ses bras et la présenta aux regards de l'assistance qui, dans son admiration, exaltait la puissance de Dieu et la gloire de la Vierge Martyre. Ce beau miracle couronna dignement les fêtes de la *Translation.* Dom François, devant des faits si éclatants, abandonna son projet primitif de déposer un si précieux trésor dans sa chapelle particulière, et, non seulement il le laissa à *Notre-Dame des Grâces,* mais il fit ériger un autel et orner de son mieux la partie du sanctuaire où ses reliques étaient placées ; cependant il éprouvait un vif regret de ne pouvoir lui donner une splendeur en rapport avec le nombre des merveilles opérées par sa chère Sainte, qui attiraient dans la chapelle tant de dévots pèlerins.

Les bons Mugnanais étaient trop pauvres pour l'aider.... mais sainte Philomène voyant son chagrin daigna y mettre fin. En l'année 1814 (nous anticipons ici sur le cours des évènements) un célèbre avocat de Naples, Dom Alexandre Serio, dévôt serviteur de sainte Philomène, se rendit avec sa femme à Mugnano vers l'époque anniversaire de la translation. Affligé depuis de longues années d'un mal interne qui le consumait, il avait au cœur l'espoir que la Sainte lui obtiendrait une guérison que les remèdes humains n'avaient pu lui procurer. Or, le jour de la fête, pendant qu'il demandait cette faveur à genoux devant les saintes Reliques, il se sentit subitement saisi de telles douleurs qu'on le crut près d'expirer ; dans cette extrémité sa pieuse épouse fit le vœu de faire élever un autel en marbre dans la chapelle de la Sainte, si elle obtenait au moins au cher malade la grâce de pouvoir se confesser. Au même instant, Dom Alexandre recouvra la parole, il se confessa, et pour que la puissance d'intercession de la Thaumaturge éclatât toute entière, Dieu permit que le malade se trouvât instantanément délivré de sa longue et cruelle maladie.

La grâce avait été obtenu au delà même de la demande, la promesse fut généreusement accomplie.

L'autel de marbre donné par les deux époux fut placé dans la chapelle de sainte Philomène dont il est toujours, même depuis la nouvelle construction du sanctuaire de Mugnano, un des plus beaux ornements.

Deuxième partie

La Thaumaturge.

Prodiges opérés avant les révélations.

Courte notice sur Dom François de Lucia,
premier Gardien des reliques sacrées de sainte Philomène, et Promoteur de son culte.

La grande part que Dom François de Lucia a prise dans le développement du culte de sainte Philomène, nous impose le doux et religieux devoir de consacrer quelques lignes à sa mémoire vénérée, avant de reproduire un certain nombre des faits transmis à la postérité par de pieux et importants écrits.

Dom François de Lucia naquit à Mugnano, diocèse de Nole, le 19 septembre 1772. Elevé pieusement par sa mère, il continua cette éducation et fit ses études chez les Religieux du Saint-Sacrement de Lucera. Bientôt il fut nommé professeur dans la maison de Delicéto. Ordonné prêtre en 1796, il vint se fixer à Naples, où il enseigna la philosophie et les belles-lettres. Des troubles politiques ayant eu lieu dans la Capitale en 1799, il vint se réfugier à Mugnano, où il déploya le zèle le plus éclairé et le plus ardent dans l'exercice du saint ministère, non seulement dans son pays, mais dans diverses Provinces du royaume, par le moyen surtout des missions. Il accompagna Dom Barthélemy de Césarée, évêque nommé de Potenza, à Rome où il allait recevoir sa consécration. Comme on le verra plus loin, c'est à ce digne et saint prêtre, à son zèle, à ses nombreux écrits, que notre Thaumaturge doit sa célébrité et le culte universel dont elle est de nos jours en possession dans l'Église. Ce grand admirateur de la Sainte voulut laisser dans sa patrie un souvenir vivant de son zèle et de sa piété à son égard ; à cet effet, il institua une Congrégation de jeunes filles qui devaient s'efforcer de retracer dans leur conduite, tout en restant dans leur famille, les vertus de sainte Philomène, leur virginale Patronne.

Le vénérable serviteur de Dieu, après avoir consacré sa vie entière à la sanctification des âmes et à la propagation du culte de sainte Philomène, mourut des suites d'une chute, le 9 avril 1847 ; il était âgé de 74 ans, et avait été pendant quarante et une années recteur de l'église Sainte-Philomène à Mugnano. Sa perte fut pleurée dans les contrées les plus éloignées, plusieurs l'invoquèrent comme un puissant intercesseur auprès de Dieu et de sainte Philomène. Un monument de pieuse vénération lui fut consacré sur la pierre qui couvre son tombeau dans le sanctuaire même de la Sainte.

Chapitre 1

La Thaumaturge.

Dès que le corps sacré de sainte Philomène, obtenu de la bienveillance de Pie VII au commencement de son Pontificat, eut été offert à la vénération du peuple fidèle, à Mugnano, au diocèse de Nole, la sainte Martyre fut aussitôt en grand renom, et son culte s'étendit d'une manière extraordinaire, surtout à cause des miracles nombreux qu'elle faisait et dont on se communiquait partout le récit...
(Extr. de la 5e leçon de l'Office.)

L'impiété moderne ne va pas toujours jusqu'à nier l'existence de Dieu, mais elle rejette généralement son influence providentielle. Le Tout-Puissant répond à cette audace par des preuves sensibles de l'action qu'il exerce sur tous les êtres.

Pour mieux confondre la prétendue sagesse de ces incrédules, il se sert des instruments les plus faibles, mais qui, conduits par sa main divine, produisent de ces dérogations aux lois ordinaires de la nature, que l'on appelle le miracle.

Il ne faut donc pas être surpris de tous les prodiges opérés non seulement à *Mugnano* par la médiation de sainte Philomène en présence de ses ossements sacrés, mais encore en tant d'autres lieux à la suite des prières qu'une foi vive lui adressait. Merveilles dont l'éclat et le nombre lui valurent le glorieux surnom de *« Thaumaturge du XIXe siècle »*.

« Ô Providence de mon Dieu ! s'écrie un pieux auteur, jusqu'où n'avez-vous pas porté, en vous couvrant de l'entremise de sainte Philomène les soins délicats de votre amour et donné des preuves irréfragables de votre toute-puissance ! La *chaumière* du pauvre, les *sillons* arrosés des sueurs d'un labeur indigent, l'*obscurité des hameaux*, la *couche douloureuse* où gémit le malade abandonné, le *berceau* même de l'enfance, deviennent le théâtre des plus saisissants prodiges. Les humbles les petits, sont surtout les *favoris* de la Sainte ; aussi répondent-ils à son appel et si on leur demande où ils se rendent si vite et en si grande foule sans s'arrêter, ils répondront comme ces bergers, premiers adorateurs d'un Dieu-Enfant : « *Nous allons vers une Bethléem nouvelle ; nous courons voir ce qui s'est fait, ce qu'il a plu au Seigneur de nous manifester dans sa miséricorde* ». Sainte Philomène les a reçus, en leur tendant les bras et toutes sortes de faveurs ont suivi la bénédiction qu'elle leur a donnée... Ils s'en retournent, la joie sur le visage, et la paix dans le cœur : l'un dit avoir vu la Sainte, qui l'a guéri d'une longue douleur ; l'autre assure l'avoir entendue, et prouve bientôt son témoignage par l'accomplissement parfait de ce qui lui a été prédit ; un autre et c'est une mère fortunée, présente avec orgueil le fruit qu'elle a mis au jour ; il était mort et le voilà soudain rendu à la vie.

Celui-ci s'arrête, comme frappé d'étonnement ; il contemple l'un de ses membres, en proie depuis longtemps à la putréfaction. « *Quoi !* se dit-il, *pas même les vestiges d'une plaie si profonde ! Ah ! combien plus habiles sont les mains de Dieu que la science la plus renommée de la terre* » !... Et celle-là, où va-t-elle- toute fière, avec un vase fragile dans les mains ? Je la vois entrer dans sa cabane, appeler la famille autour d'elle ; elle vient lui raconter la production subite d'une huile dont, sans un miracle, elle aurait manqué pour subvenir à ses besoins. Plus loin, j'aperçois une maison hospitalière ; le vin a été sur le point d'être épuisé, ainsi qu'aux noces de Cana ; et voilà que, successivement, une quantité de vases se remplissent ; et tous les visiteurs ne s'éloignent qu'après s'être largement désaltérés ; ils étaient venus fêter sainte Philomène, et sainte Philomène s'est montrée ainsi reconnaissante de leur piété. Mais cette jeune personne que l'on voit là-bas, sur le chemin de *Mugnano* à Monteforte, vient attirer notre attention. Qu'elle est belle, qu'elle est intéressante dans la simplicité de ses vêtements ! on la dirait venue du Ciel, pour apporter des consolations à la terre. Oui, c'est elle : c'est sainte Philomène ; on la reconnaît bien à l'œuvre de miséricorde qu'elle pratique. Elle s'est baissée ; elle a cueilli quelques herbes, puis s'approchant d'une épouse affligée : « *bonne femme,* lui dit-elle, *pourquoi t'abandonner ainsi à la douleur ? je sais ce que souffre ton mari ; en voilà le remède* » ; s'avançant alors vers celui-ci : *« Courage, brave homme,* ajoute-t-elle ; *aie confiance ; avant de rentrer à ton logis, ta guérison sera parfaite ».* La jeune fille a disparu, le mal aussi ; mais la gratitude a pris leur place. Dirigeons-nous maintenant vers ce bourg éloigné ; entrons dans la maison de ce vertueux archiprêtre. Il a quelque chose à nous raconter. Oui, nous dit-il, et c'est d'une bouche innocente que moi-même je le tiens. Cette enfant de trois ans souffrait de violentes coliques. Sa mère lui appliqua une image de la Sainte ; et soudain la petite s'endormit. A son réveil : *« Maman, maman,* s'écria-t-elle ; *j'ai vu la Sainte ; elle m'a dit : Dors dors, gentille petite enfant ; et la douleur se passera ».*

Et cet homme, qui est là dans son lit immobile de stupidité autant que de maladie n'a-t-il personne autour de lui pour suppléer à son insensibilité et à son silence ? Les saints ne viennent d'ordinaire, que quand ils sont appelés, ses enfants le savent. Une statue de la Sainte est en vénération à Marigliano ; c'est près d'elle que la piété filiale va faire entendre ses supplications désolées. Sainte Philomène accourt : « *Lève-toi,* dit-elle au malade, *tu es guéri, suis-moi ».* Il se lève il la suit ; mais la voyant aussitôt disparaître, il croit, dans sa bonne simplicité, quelle sera dans l'appartement de quelqu'une de ses filles. Il frappe. Celles-ci reconnaissent la voix ; mais comme elles ignorent le prodige, quelles noires pensées, viennent assiéger leur esprit ! Enfin le père à tout expliqué, leurs yeux l'ont vu ; elles le retrouvent plein de raison et de forces, leurs actions de grâces s'élèvent à la hauteur du bienfait.

Nous avons emprunté au Père Barrelle, de la compagnie de Jésus [7] cette rapide énumération des miracles dus à la médiation de sainte Philomène, nous allons maintenant en reproduire d'autres accompagnés de leurs émouvants détails et tirés également de sources autorisées.

[7] Vie et miracles de sainte Philomène. Ouvrage approuvé par Mgr l'évêque de Lausanne et de Genève.

Chapitre 2

Prodiges opérés en Italie.

Comment une petite fille fut sauvée de la mort par le recours à sainte Philomène.

Un nommé Geraldo et sa femme vivaient heureux à Monteforte dans le diocèse de Nole. Ils avaient une fille unique de 11 mois qu'ils entouraient de soins et d'amour... Voilà qu'un jour, jour néfaste, la chère enfant s'échappa des bras qui la portaient et tomba du haut d'un étage dans la rue. Sa chute fut terrible, la malheureuse petite donna d'abord de la tête contre un tuyau de briques avec tant de violence qu'il s'en détacha plusieurs éclats, puis elle alla tomber comme un plomb sur les cailloux du pavé. Les parents furent accidentellement présents à cette épouvantable scène. La mère debout à la fenêtre de l'étage, et le père à quelques pas dans la rue. On juge de leur effroi ; mais comme si, au même instant, ils avaient senti une voix intérieure, leur confiance en sainte Philomène leur fait pousser le même cri, et formuler ce même vœu : « *Chère sainte Philomène, cette enfant est à Vous si vous la sauvez* ». Aussitôt le père accourt vers sa petite Fortunata étendue par terre, la prend dans ses bras, la considère, et à son indicible stupéfaction il la voit pleine de vie, sans aucune trace de contusion sans aucune marque de blessure. La fracture d'un ornement d'argent qu'elle avait autour du cou fut le seul indice de la chute. Ce miracle dès qu'il fut connu ne fit qu'augmenter comme on peut bien le croire la confiance des malheureux en la grande Thaumaturge.

Comment sainte Philomène exauce les prières faites devant son image.

Un enfant de 12 ans, fils d'un chirurgien, Jacques d'Elix, de Viscano, fut un jour transporté à demi-mort chez ses parents, la roue d'une voiture lui ayant fracassé le pied. Malgré tous les soins de l'art, la gangrène envahit bientôt la blessure. Les parents se trouvèrent dans une cruelle perplexité : Si le mal n'est pas coupé dans sa racine, il ne tardera pas à s'étendre dans tout le reste du corps ; si l'on se résout à faire l'amputation du membre gangrené, le patient, à cause de son extrême faiblesse, succombera indubitablement aux souffrances d'une douloureuse opération. Que faire ? La Providence se chargea de tirer les malheureux parents de ce mortel dilemme. Sur ces entrefaits, arriva dans leur maison un prêtre très dévôt à sainte Philomène. Connaissant leur affliction et leur désespoir, il s'était muni d'une panacée céleste : l'image de la Thaumaturge. Dès qu'il entre, il l'expose à la vénération de la famille. On se met à genoux, on a recourt avec confiance à l'intercession de la puissante amie des enfants. Puis, le pieux ecclésiastique, s'approchant du petit malade, le réveille de sa léthargie et lui montre la sainte image. À cette vue, l'enfant se met à parler, et, par ses allures dégagées témoigne qu'il ne souffre plus. On découvre aussitôt la plaie, et l'on s'aperçoit que la gangrène avait disparu, et que le pied était entièrement guéri.

✠

Comment sainte Philomène prend compassion de la douleur des mères.

Dom François de Lucia avait, à Mugnano, une cousine, mariée, mère d'un enfant d'environ huit ans. Celui-ci languissait depuis quelque temps, miné par une maladie des plus graves. Qui dira les inquiétudes des parents ? La mère multipliait ses soins ; l'art prodiguait ses efforts pour conjurer une catastrophe. Ce fut en vain. Il est des maladies que la mort a marquées de son sceau et que toutes les merveilles de la tendresse maternelle, toutes les industries de l'art sont impuissantes à vaincre. Celle dont l'enfant était affecté avait ce caractère impitoyable. Ce que l'on redoutait arriva. Les parents et beaucoup d'autres personnes furent témoins du trépas de cet enfant et constatèrent sans hésitation le fatal évènement. Cependant, la mère s'obstinait à en douter : son amour aveuglé refusait à croire ce que la lumière de ses yeux et le témoignage de tant d'autres personnes lui voulaient imposer. Dans son illusion, elle fit des essais, tenta des moyens de toute nature pour justifier une espérance dénuée de fondement. A la fin elle dut, hélas ! se convaincre que son enfant n'était plus ! Mais ce qui n'est que déception pour l'amour maternel peut devenir une consolante réalité par la confiance en Dieu et en ses saints. Dans l'amertume de son cœur, la foi de cette pauvre femme se ranime avec une vivacité capable de provoquer des miracles. L'*image* de la Thaumaturge se trouvant suspendue au mur de la chambre mortuaire, elle y court, l'arrache et la jette sur le cadavre de son enfant, demandant à grands cris et avec des larmes que son fils lui soit rendu. Au même instant, le petit mort se dresse, comme s'il sortait de son sommeil ; il quitte son lit et se montre à tous plein de vigueur et de santé.

On rapporte qu'un certain *esprit fort* trouvait des plus étranges que l'on attribuât des effets merveilleux à la prière faite devant de saintes images ; et le mot seul de *miracle* faisait naître sur ses lèvres un sourire de mépris et lui inspirait des paroles injurieuses contre ces pieuses croyances. Par bonheur sa famille ne partageait pas son incrédulité. Elle avait l'image de sainte Philomène dans un petit oratoire domestique et lui rendait un hommage assidu ; la conversion de leur parent était surtout l'objet de leurs plus ferventes prières.

Elles l'obtinrent en effet à la suite d'un songe qu'il avait eu et dans lequel il lui semblait voir la *sainte* accorder nombre de grâces aux personnes qui en sollicitaient, tandis qu'elle rejetait la requête qu'il lui présentait ; cet homme jugea dès lors les choses d'une autre manière, il reconnut son erreur, et, par la tendresse et la vivacité de sa foi envers la Thaumaturge, il mérita d'avoir part à la *distribution* de ses faveurs.

Une pauvre veuve avait une belle jeune fille âgée de dix-sept ans, nommée Rose. Tous les efforts de la médecine n'avaient pu la guérir d'un mal qui chaque jour allait en empirant. Il arriva à tel point, que la pauvre fille resta muette. Après avoir essayé tous les moyens la maladie, fut jugée mortelle.

La veuve et sa chère enfant étaient consternées. ô Providence ! tout à coup le nom de Philomène retentit à leurs oreilles. Elles vont trouver le chanoine Lauza, le priant d'être leur médiateur auprès de la Sainte.

Il s'y refuse d'abord.

Cependant, vaincu par les sollicitations pressantes des deux affligées et de la pauvre muette surtout, qui en pleurant lui montrait sa langue desséchée, il se décida à intervenir pour elle.

Il prend le livre, déploie l'image, l'applique sur la tête de la jeune fille qui était à ses genoux, gémissante. Il demande à la sainte Martyre de la guérir. Puis il dit à Rose :

« Depuis quel temps ne pouvez-vous plus parler » ?

Et Rose de répondre, d'en indiquer aussitôt le jour sans la moindre difficulté.

Depuis lors, elle parla avec une volubilité qui étonnait toutes les personnes qui avaient eu connaissance de son infirmité.

✠

Comment sainte Philomène secourt les naufragés.

Dans le mois d'octobre de l'année 1832, il s'éleva, sur le golfe Adriatique, une horrible tempête, et deux barques de pêcheurs firent naufrage à la vue même du port.

Aussitôt la nouvelle en court par toute la ville de Viesti, royaume de Naples, et l'on se précipite vers le rivage.

Le spectacle était affreux.

En vain on essaie de porter du secours à ces infortunés, la fureur des flots ne permet pas d'avancer vers eux ; ils appellent, ils crient, leurs gémissements percent tous les cœurs ; on ne peut leur répondre que par de stériles désirs, des sanglots et des plaintes.

Mais le souvenir de sainte Philomène vient tout à coup faire renaître l'espoir dans ces âmes consternées. La Thaumaturge peut tout auprès de Dieu ; elle sauvera de la mort ces infortunés qui nous implorent...

Un cri part aussitôt de tous les points ; et le nom de la Sainte retentit jusqu'aux Cieux, dont il obtient un miracle. En effet, quelques moments après, ces malheureux naufragés, sans qu'ils sachent comment, se trouvent transportés sur le rivage, et de concert avec leurs compatriotes ils bénissent celle dont l'invisible main les a sauvés du trépas.

Le prodige n'était pas toutefois si complet qu'il ne laissât plus d'amertume ni de crainte. Le patron de l'une des deux barques, nommé Paul d'Aposto, en jetant ses regards autour de lui, ne voit pas ses deux enfants, dont le plus jeune comptait seulement huit années. Les vagues furieuses les avaient rejetés loin du port ; on crut les apercevoir se débattant contre elles ; mais quel moyen de leur porter un prompt secours ? Le même précisément qui venait d'être employé avec un succès si admirable.

« Sainte Philomène, achevez votre ouvrage, sauvez ces deux pauvres enfants. »

Ce fut la prière qui s'échappa de tous les cœurs, qu'exprimèrent toutes les bouches.

Dieu voulut, pour la plus grande gloire de la Sainte, que la même invocation fut faite par l'un de ces deux petits malheureux ; et c'était le plus jeune, qui, se souvenant, au milieu du péril, de la statue miraculeuse de sainte Philomène, placée dans l'église des Capucins, recourut à elle avec confiance.

« Vierge nouvelle, s'écria-t-il, *qui êtes venue dernièrement chez les bons Pères de Viesti, sauvez-nous ; ayez pitié de nous » !*

Et, pendant qu'à côté de son frère, il luttait contre les flots, pendant que, sur le rivage, son père se désolait, et le peuple, animé d'une vraie confiance, persévérait dans ses supplications à la Sainte, voilà que tout à coup les enfants sont sauvés.

Ils sortent du milieu des flots écumants, et s'élancent sur le port ; à la vue de ce prodige la multitude proclame par mille cris de joie et de reconnaissance la bonté du Seigneur et la puissance d'intercession de sa glorieuse servante, la douce vierge de Mugnano.

✠

Comment sainte Philomène a délivré un condamné à mort.

Si nous sommes délaissés, confions-nous en la Providence et prions sainte Philomène de nous aider.

C'est toujours quand les causes semblent les plus désespérées que le secours divin est plus près de nous.

Le fait suivant en renferme une preuve bien frappante :

La cour spéciale d'Avellino, dont les jugements sont sans appel, venait d'appliquer la peine de mort, on ne dit pas pour quel crime, à un prisonnier du nom de Pellerino Ruocco ; deux autres coupables devaient partager son sort. La sentence leur ayant été intimée, on ne songea plus qu'à les disposer à bien mourir.

Elle devait s'exécuter le lendemain, 19 août 1832.

Ce misérable avait dans la ville une tante qui lui portait une grande affection. La funeste nouvelle lui parvint presque aussitôt ; et sur le champ, de compagnie avec quelques autres personnes pieuses, elle se rend dans une église où l'on célébrait un Triduum solennel en l'honneur de la sainte Martyre.

Après avoir imploré le secours de la Reine des vierges, ces femmes, pleines de foi, se dirigent vers l'autel de sainte Philomène et lui demandent à grands cris, au milieu d'un torrents de pleurs, qu'elle veuille s'intéresser à la grâce du condamné.

La foule qui se trouvait là pour rendre ses hommages à la Sainte, ne put, en les entendant, se défendre de les désapprouver. Comment, se disait-on, demander la grâce d'un criminel, après que la sentence a été portée ? Quel moyen maintenant y a-t-il d'obtenir cette grâce ?

Ainsi raisonnait le peuple ; la bonne tante pensait bien différemment. Persuadée qu'au Seigneur et à la médiation des Saints il n'est rien d'impossible, elle rentre dans son logis, et, prosternée devant une image de sainte Philomène, elle persiste à demander avec foi la grâce du malheureux.

Il lui semblait alors entendre une voix intérieure qui lui disait avec clarté : « *Va, pars pour Naples ; jette-toi aux pieds du Roi, et la grâce te sera accordée* ».

Comme elle ne savait pas d'où pouvait venir cette invitation, elle poursuivit sa prière. Plus elle priait, plus cette voix se faisait entendre. Mais lorsqu'elle commençait à y voir quelque chose de surnaturel, une difficulté l'arrêtait ; il lui paraissait que jamais elle ne viendrait à bout d'une pareille entreprise.

La lumière divine l'emporte ; le voyage est décidé.

Elle part d'Avellino, vers les 6 heures trois quarts du même jour, et arrive dans la capitale, vers le milieu de la nuit.

Cette nuit-là même, son neveu, qui ne pouvait savoir les projets qu'elle avait formés, se recommandait vivement à la sainte Martyre. S'étant assoupi, il crut la voir et lui entendre proférer ces mots : *« Ne crains pas, sois content ; lors même que tu serais tout auprès de la potence, je saurai bien t'arracher aux mains des bourreaux »*.

Il s'éveille et sur le champ il fait part à ses compagnons de ce songe favorable. Le lendemain, il le racontait à ceux qui venaient le voir. La joie qui animait alors son visage décelait ce qui se passait dans son cœur. Il était inébranlable dans sa confiance.

La tante se trouvait néanmoins dans un grand embarras. La supplique était faite, l'audience obtenue, mais le Roi n'était visible qu'à deux heures environ de l'après-midi, et la sentence devait s'exécuter à Avellino le même jour, à cinq heures.

N'importe ! Dieu peut tout. Déjà, contre toute espérance humaine, la grâce est accordée.

Les légalités vont se remplir ; et s'il faut un miracle pour que la grâce arrive avant l'exécution, sainte Philomène est là pour l'opérer.

Il est impossible de ne pas remarquer le soin que prend la divine Providence pour rehausser la gloire de sa servante. Il permit de nouvelles et de presque insurmontables difficultés, car, au lieu d'expédier sur le champ les lettres de grâce, on laisse s'écouler encore deux mortelles heures. Quatre heures sonnaient (il n'en restait donc plus qu'une seule avant l'exécution), quand le Roi se souvint du pardon accordé, des lettres qui n'ont pas été expédiées.

Nouvel embarras pour lui. Il fait chercher la supplique, on ne pût la trouver.

Il veut du moins se rappeler les noms des trois coupables. Car la grâce avait été sollicitée et obtenue pour tous les trois également. Mais, quoi qu'il fasse, le nom d'un seul vint se retracer à sa mémoire, celui de Pellegrino Ruocco.

Sur le champ, sans autre formalité, il ordonne à l'un de ses officiers de porter au télégraphe l'expression de sa volonté royale ; et l'oubli des noms amenant celui des personnes, Pellegrino Ruocco est le seul aussi dont il se souvienne de prononcer la grâce.

Il était temps quelle arrivât.

Déjà, dans Avellino, tout était en mouvement pour l'exécution de la sentence. Les criminels, tirés de la prison, s'avançaient vers le lieu du supplice. Ils y arrivaient.

Au même instant, la dépêche télégraphique paraît. C'est un ordre du Roi ; mais l'expression, n'en est pas claire. Elle porte un seul mot : « *Que l'on suspende.* »

Le directeur de l'observatoire flotte irrésolu.

Cependant, il s'agit des condamnés, il n' y a pas de moments, à perdre. Il laisse un suppléant ; il arrive sur la place et de par le Roi, il commande un sursis.

La chose était si extraordinaire que l'officier de justice eût toutes les peines du monde à se rendre à cet avis. L'on était encore à discuter avec chaleur, quand le suppléant accourt et apporte en termes clairs et précis la grâce, toute entière. Pellegrino est pardonné.

Seul, il avait intéressé en sa faveur la puissante sainte Philomène.

Le malheureux se trouvait déjà sur l'échelle ; on lui apprend son bonheur ; et il tombe, accablé sous le poids de sa joie. Il revient peu à peu à lui-même ; la liberté, l'honneur, la vie, lui sont rendus ; il doit tout, après Dieu, à son admirable protectrice, et lui en témoigne sa reconnaissance de la manière la plus expressive et la plus touchante.

✠

Comme nous sommes tous condamnés par la divine justice à la mort temporelle et que nous devons tous prier les uns pour les autres, nous ne saurions mieux exercer notre zèle qu'en supliant sainte Philomène de protéger tout par particulièrement les pauvres agonisants afin que, lorsqu'ils paraîtront devant le divin juge, il leur soit fait miséricorde.

✠

Comment sainte Philomène aime qu'on propage son culte et sa dévotion.

Sainte Philomène est si désireuse de nous faire du bien, qu'il lui est arrivé de punir ceux qui refusaient d'employer les moyens à leur disposition et les talents qu'ils possédaient pour accroître sa dévotion et l'étendre davantage. On conçoit, en effet, que c'est là une sorte d'ingratitude que la pureté du motif peut seule excuser. Ainsi l'a compris l'archidiacre d'Ascoli dont nous allons parler.

Une dame, dit ce respectable ecclésiastique, m'envoya de Téramo, une relique de sainte Philomène, en me priant de concourir à propager son culte. La chose n'était pas difficile. La place que j'occupe, les rapports intimes qu'elle établit entre Mgr l'Evêque et moi, me promettaient un plein succès. Mais, me persuadant qu'il y avait plus de zèle naturel que de vraie dévotion dans les instances que cette dame me faisait, je résolus de tenir la relique enfermée ; j'allai même jusqu'à la refuser à Mgr, qui me témoigna le désir de l'avoir pour une fête solennelle en l'honneur de la Sainte. On parla beaucoup de ce refus ; on me fit craindre quelque châtiment de la part de la Thaumaturge. Mais je répondais avec assurance que, si telle était la volonté de Dieu, il me donnerai bien aussi à moi, comme à tant d'autres, des signes de son bon plaisir. Que pour les châtiments dont j'étais menacé, mon cœur n'avait aucune crainte, vu les heureux résultats dont les opérations de Dieu et de la Sainte ont coutume d'être accompagnées. Sainte Philomène me comprit ; et le 3 mai (1833), vers le milieu du jour, elle me donna ce signe et m'envoya une épreuve qui me causa une bien grande amertume. J'étais dans mon cabinet à faire une lecture sérieuse, quand tout à coup mes yeux s'obscurcissant, je passai du grand jour aux plus épaisses ténèbres. Tous les objets disparurent à mes regards. Ce n'était point un éblouissement ; rien en moi ni autour de moi n'annonçait l'effet d'une cause physique ou naturelle ; c'était quelque chose de plus, et qui tenait du surnaturel. La première pensée qui me vint alors fut celle de *sainte Philomène*, de la relique obstinément refusée, du châtiment dont j'avais été menacé. Un mouvement soudain suivit cette pensée. Ma main cherche le reliquaire ; je le trouve, et, me levant, je me dirige, consterné, vers mon oratoire, où j'adresse à la sainte Martyre une prière aussi fervente que possible, et telle que pouvait me l'inspirer mon extrême affliction. Ma cécité durait toujours ; et, accablé par la pensée que ce serait un mal sans remède, je suspends ma prière et vais chercher ailleurs quelques consolations à ma douleur. Je me disais alors : Mais si telle est la volonté de Dieu ne faut-il pas que je m'y résigne ? Ne dois-je même pas en être content ?... Content ? me répondait mon cœur plongé dans une amère tristesse ; peut-il donc y avoir encore de la joie pour une créature assise dans les ténèbres et pour laquelle brille en vain la lumière du Ciel ? Une demi-heure et plus se passa dans ces agitations ; ne pouvant les calmer, je retourne dans mon oratoire et me remets à prier la Sainte avec la confiance d'être exaucé. Puis, prenant la relique pour me bénir avec elle, à l'instant même l'obscurité se dissipe, je lis l'inscription du reliquaire, je vois, je distingue tous les objets dont je suis environné. Qui pourrait dire la joie, la reconnaissance, la tendresse, tous les sentiments qui se pressèrent alors en foule dans mon pauvre cœur ? Oh ! avec quels transports je baisais les restes sacres de ma généreuse bienfaitrice ! avec quelle expression je la remerciais, je la bénissais ! Sans différer plus longtemps, je cours auprès de Monseigneur et lui déclare tout ce qui vient de se passer. Il se tait ; mais sur le champ il fait dresser un acte en forme de l'événement prodigieux et de ses circonstances... et j'ai la consolation de voir qu'à mon occasion le culte public de la Sainte a pris naissance dans Ascoli. C'est moi qui suis chargé d'en être le premier promoteur, un triduum solennel se fera par mes soins dans l'église d'un monastère ; telle est la volonté, l'ordre exprès de Monseigneur :

Le Triduum se fit en effet avec un grand concours de peuple et un pompeux appareil. Mgr. l'évêque Zelli voulut être présent à tous les exercices ; le panégyrique de la Sainte fut fait par un célèbre prédicateur ; et depuis ce moment jusqu'à présent (1 juillet 1833), la dévotion et le concours des fidèles ne se sont point affaiblis ; de continuelles grâces du Ciel en sont la récompense...

Ascoli, dans la marche d'Ancone,
1 juillet 1833.
Signé : LOUIS BORRI, en toute humilité Archidiacre.

✠

Comment sainte Philomène restaure la cloche de Mugnano.

La grande cloche de l'église de *Notre-Dame des grâces* où est son corps, à Mugnano, venait de se fendre, et l'on songeait à lui en substituer une autre.

Le bon peuple de Mugnano, toujours plein de zèle pour l'honneur de sainte Philomène, n'épargna rien pour que la nouvelle cloche répondît à ses pieuses intentions.

On fit venir les plus habiles ouvriers. Les plus vives recommandations leur furent adressées. On pria le Ciel de bénir leur travail. A la fin et pour intéresser la Sainte, on voulut que son image se trouvât sur l'airain destiné particulièrement à son culte.

L'ouvrage se fit au mois de mai 1831. Lorsqu'il fut achevé et le métal refroidi, on s'empresse de le découvrir, et la première chose qui vient frapper les regards est une imperfection assez notable, qui rendait le travail complètement inutile.

Faute de matière, une partie des pièces qui servent à enchaîner et à retenir dans le bois cette lourde masse manquait totalement

Une seconde fonte devenait nécessaire, de là de nouveaux frais auxquels la pauvreté de ce peuple n'aurait pu suffire. « *Il faut prier la sainte de suppléer à ce qui manque* », disait-on, mais il faut bien l'avouer, parfois on passait de la prière à la plainte, jusqu'au murmure.

Le directeur de l'entreprise, qui était le plus intéressé et le plus lésé dans cette affaire, priait avec toute la ferveur dont il était capable, et il sentait je ne sais quelle confiance naître dans son cœur. C'était comme l'aurore d'une grande grâce.

Vers la quatrième heure de la nuit, certaine rumeur se fait entendre tout auprès du lieu où les ouvriers étaient réunis. Ils sont d'autant plus étonnés, qu'il règne partout un grand silence. L'effroi s'empare d'eux. Leur imagination, s'échauffant, ils se croient à deux doigts de la mort. Ils se persuadent que, dans un instant, une grêle de pierres va les faire tomber sous les coups de la fureur populaire.

Le directeur seul ne pouvait se rendre à cette pensée. Son cœur semblait lui dire : « *Imaginations que tout cela ! Va, la grâce est obtenue la cloche réparée. Sors, tu le verras de tes yeux* ».

Il va donc. Personne ne s'offre à lui sur son passage. Il arrive, il regarde. « *Non, ce n'est point une erreur ; voici les pièces qui manquaient, je les vois, je les touche. ô mon Dieu ! ô sainte Philomène !* »

Et il court, transporté de joie, vers ses compagnons ; ils reviennent ensemble ; ils donnent à Dieu et à la Sainte mille bénédictions ; le miracle en un moment à porté l'éveil dans toutes les demeures ; on accourt, on veut voir, on veut toucher, on veut entendre. Rien de plus certain, de plus admirable, de plus inouï ; ce n'est sur tous les points, dans tous les cœurs, sur toutes les lèvres, qu'un concert spontané de louanges et d'actions de grâces, dont le Seigneur, sa sainte Mère et sainte Philomène sont l'objet.

Une circonstance singulière accompagna ce prodige.

On trouva au-dessus de ces crampons ou anneaux, miraculeusement ajoutés à la cloche, un bloc de mâchefer, du poids d'environ trois livres, comme un signe peut-être de ce qui venait d'être opéré et tous, comprenant cet insensible langage, s'unirent le lendemain au clergé de l'endroit pour transporter dans l'église ce monument sacré de la bonté de Dieu. En le regardant, ils louaient la céleste puissance ; et leur dévotion à sainte Philomène en prit un nouvel accroissement.

✠

Comment sainte Philomène guérit les peines d'esprit et multiplia l'huile des lampes qui brûlent en son honneur.

Une de ces jeunes personnes, qui, sous la protection de sainte Philomène, consacrent à Dieu leur virginité tout en vivant au milieu du monde, se trouvait en proie, depuis quelque temps, à de grandes peines intérieures.

De concert avec ses deux sœurs, également liées à Dieu par le même vœu, elle suppliait la Sainte de mettre un terme à ses angoisses. Voici comment il plut au Seigneur de l'exaucer.

Leur mère, morte depuis quelque temps, apparaît en songe à sa *Rafaella* (c'était le nom de la pauvre affligée), et lui dit que le vendredi, jour du martyre de la Sainte, elle ait soin d'allumer une lampe devant son image, et de l'entretenir jusqu'au samedi.

Cette pieuse fille, n'osant s'en rapporter à un songe, consulte là-dessus son confesseur, et celui-ci, dont elle était parfaitement connue, lui accorde la permission de faire ce qui lui avait été dit.

La lampe est donc préparée. On la garnit ; mais comme la famille était extrêmement pauvre, que le peu d'huile contenu dans la lampe était tout ce que la jeune fille pouvait donner ; en la plaçant devant l'image, elle dit avec simplicité à la sainte Martyre : *« Ma bonne*

Sainte, contentez-vous, je vous en supplie, de l'huile qu'il y a ici ; vous savez que je ne puis pas davantage : si vous aimez à voir brûler cette lampe, arrangez-vous pour qu'elle brûle jusqu'à demain. »

Elle disait ceci, parce qu'elle savait que la quantité d'huile contenue dans le vase était le tiers seulement de ce qu'il fallait pour un jour.

Sa naïve confiance fut récompensée ; car non seulement après avoir brûlé tout le long du jour, la lampe se trouva aussi pleine le samedi, qu'elle l'était la veille, mais le prodige continua deux années entières.

On célébrait à Mugnano l'anniversaire de la translation du corps de sainte Philomène. L'église était trop petite pour contenir le peuple. Au moment où les musiciens y exécutaient un motet, une paysanne de Serignano se fait passage à travers la foule pour arriver jusqu'à la lampe de la sainte, et y prendre un peu d'huile.

Son importunité persévérante mit quelque désordre dans l'assemblée ; on murmurait, on résistait, on l'accablait de reproches, mais enfin, pour éviter une plus grande confusion, chacun finissait par céder.

Comme l'on prévoyait l'embarras où allait se trouver cette opiniâtre villageoise, car la lampe, toujours très basse, était alors éteinte, faute d'huile, tous les regards, à mesure qu'elle approchait, se fixaient sur elle, afin sans doute de pouvoir au moins sourire à ses dépens.

Mais ce que les autres voyaient, la bonne femme semblait n'avoir pas d'yeux pour le voir, aussi, avec une assurance, qui épanouissait déjà tous les visages, elle approche son verre de la lampe, et y cherche dans l'eau, qui, seule, en remplissait le fond, l'huile qu'elle voulait pour sa malade... qui pourra jamais dire la puissance de la foi ! un miracle, vient appuyer ici la divine parole du Sauveur « *cherchez et vous trouverez.* »

Il n'y avait plus d'huile dans la lampe ; et cette foule attentive et étonnée voit le verre de la villageoise reparaître plein d'une huile pure et miraculeuse. Oh ! combien l'on dut se reprocher d'avoir douté des heureux résultats de sa confiance puissante !

Le nom de la bonne paysanne animée d'une si vive foi, se mêlait à celui de sainte Philomène ; les larmes d'une douce joie coulaient de tous les yeux ; et jusqu'à la fin de la journée, on se montrait la lampe encore éteinte ; et l'on se plaisait à entendre, à raconter le prodige dont elle avait été l'occasion.

✠

Comment sainte Philomène prend sa cause en main.

Le trait suivant démontre avec une grande évidence que l'immense influence du culte de sainte Philomène sur la société chrétienne à l'époque où nous vivons, est le résultat de la puissance *d'intercession* dont l'a revêtue l'Éternel, qui met en elle ses complaisances, et qui la glorifie sur la terre à raison de son humilité, de sa virginité et de son martyre.

Tout se disposait à Mugnano pour célébrer avec solennité l'anniversaire de la translation des reliques de la Sainte.

Le concours était prodigieux, la joie universelle ; quand, la veille de ce beau jour, vers l'heure de midi, arrive un escadron de cavalerie étrangère, avec ordre de s'arrêter dans cette petit ville, où il devait être maintenu aux frais des habitants.

C'était le fruit d'une intrigue, ourdie à Naples par une inspiration diabolique.

On avait fait courir le bruit que la population de Mugnano méditait un soulèvement contre l'ordre actuel des choses et qu'il était sur le point d'éclater. Aussi la première démarche du Commandant à peine arrivé, fut-elle de défendre, sous des peines rigoureuses, la célébration de la fête, et particulièrement la procession où devait être portée la statue de *sainte Philomène.*

Cette défense jeta tout le monde dans la consternation : habitants étrangers, tous, pénétrés de la plus amère douleur, ne pouvaient concevoir ce qui avait donné lieu à des mesures aussi impies que sévères, et ils couraient en foule épancher leur affliction aux pieds de leur sainte Protectrice.

Elle entendit leurs plaintes, et s'empressa de seconder leurs pieux désirs. Le cœur de ceux qui gouvernent, comme le dit *l'Ecriture,* n'est-il pas entre les mains du Seigneur ? La Thaumaturge pria, et Dieu changea soudain la volonté du Commandant.

L'ordre donné est révoqué ; il est permis de célébrer la fête et de faire la procession. La force militaire, envoyée dans les vues les plus hostiles, parait n'être venue que pour ajouter une nouvelle pompe à la solennité, et faire régner partout l'ordre le plus exact. Officiers et soldats, tous dans la plus belle tenue et dans une attitude de respect, viennent se joindre au peuple et faire cortège à la sainte statue ; il semble qu'il n'y ait en ce jour, à la plus grande gloire de la Sainte, qu'un cœur, qu'une âme, qu'une volonté. Et comme si ce n'était point assez de ce premier triomphe sur de vils calomniateurs, à peine la fête terminée, le commandant déclare publiquement sa satisfaction du bon esprit qu'il avait trouvé dans la population de Mugnano. Il réprouve, comme fausse et absurde, la dénonciation faite au gouvernement. Et, pour gage de son affection et de son estime pour un peuple si religieux et si pacifique, il annonce son prochain départ.

Les troupes reprirent, en effet, le chemin de Naples, dès le lendemain laissant à Mugnano la preuve évidente et palpable d'un nouveau trait de protection de leur Sainte bien-aimée.

Troisième partie

Quelques mots sur les révélations
de la vie et du martyre de sainte Philomène.
Légende de la sainte. Guérison de Mlle Jaricot.

Chapitre 1

Quelques mots sur les révélations d'après lesquelles ont été connus les détails de la vie et du martyre de sainte Philomène.

Si les révélations sont pieuses, saintes et avantageuses au salut des âmes, elles doivent être admises. (de Béati Sanctorum liv. 3) Benoît XIV.

Il y avait un quart de siècle que sainte Philomène opérait à Mugnano des miracles, si nombreux et si éclatants qu'ils avaient fait joindre à son nom le glorieux titre de *Thaumaturge*. Son culte se répandait au loin, mais en dehors des inscriptions gravées sur son tombeau, on était dans l'ignorance de tout détail sur sa vie et sur sa mort. Cependant les serviteurs de la sainte Martyre ne cessaient de la conjurer de déchirer le voile du mystère qui jusqu'alors leur dérobait la vue de ce que, dans leur amour ils désiraient si vivement connaître.

Touchée de tant de prières, la Sainte daigna les exaucer en racontant elle-même l'histoire de sa vie et de son martyre dans des révélations qui concordent parfaitement avec les divers symboles gravés sur la pierre de son tombeau.

Ces *Révélations* ont été faites à trois personnes différentes : à un jeune *artisan,* d'une conscience pure et d'une piété solide (d'après le témoignage de Dom François d'un si grand poids dans cette grave question) ; à un *prêtre* zélé, honoré plus tard des dignités de l'Eglise ; enfin en l'année 1832, à une religieuse nommée *Marie-Louise de Jésus,* consacrée à Dieu dans la Congrégation des Sœurs des Douleurs de Marie, à Naples. Ces personnes, toutes trois irréprochables et dignes de foi, ne se connaissaient pas ; elles habitaient même des pays éloignés les uns des autres. Ce qui ajoute un poids de plus à leur déposition.

Ce mot de *Révélations* ne saurait surprendre les pieux fidèles, car il se trouve bien souvent répété dans l'Hagiographie : les révélations de Ste Gertrude, de Ste Brigitte, de Ste Angèle de Foligno, de Ste Thérèse, de la Vénérable Marie d'Agréda, de la Bienheureuse Marguerite Marie, font les délices des âmes pieuses.

Le grand Pape Benoît XIV en parlant de ces communications surnaturelles a déclaré que si « *elles étaient pieuses, saintes et avantageuses au salut des âmes, elles devaient être admises dans les procès de canonisation.* »

Tel est le triple caractère de celles qui nous occupent en ce moment ; ajoutons que le livre qui en contient le récit a reçu l'imprimatur du tribunal du Saint-Office, en date du 21 décembre 1833.

La plus importante et la plus détaillée de ces révélations est celle de la religieuse napolitaine, qui complète les deux autres ; elle présente à tout catholique sincère, quelque prudent, qu'il soit, les plus sûres garanties, n'ayant été publiée qu'après une année de rigoureux examen de l'autorité ecclésiastique, et quand on se fut assuré qu'elle contenait tous les signes qui distinguent les véritables révélations d'avec les fausses.

La sœur *Marie-Louise de Jésus,* qui en fut honorée, était la fondatrice et la supérieure du couvent de N.-D. des Douleurs, à Naples. En

1832, époque des révélations elle était âgée de 33 ans. Depuis longtemps elle jouissait d'un grand renom de sainteté à cause des vertus éminentes et des faveurs extraordinaires qu'elle recevait du Ciel. Sa cause en Béatification a été ouverte en cour de Rome en 1875 ce qui lui donne le titre de Vénérable. Cette pieuse fille très peu versée dans les sciences humaines, mais très éclairée des lumières de la foi, est l'auteur d'un commentaire de la Sainte Ecriture estimé par le Pape Pie IX lui-même.

Depuis longtemps la sœur Marie-Louise manifestait une tendre dévotion pour sainte Philomène. Elle avait dans sa cellule une petite statue de la Thaumaturge, faite sur le modèle de son saint corps tel qu'il repose à Mugnano. Devant cette image bénie, elle s'agenouillait plusieurs fois par jour et entrait dans d'intimes colloques avec la Sainte. Entr'autres faveurs, celle-ci lui obtint la délivrance subite de violentes peines intérieures. Cette statue fut plus tard transportée à l'église du couvent. Sœur Marie-Louise l'y suivit. Après la sainte communion elle éprouvait surtout le besoin de faire son action de grâces aux pieds de sa sainte Protectrice.

Or un jour, dit Dom François de Lucia, qu'elle se livrait à ce saint exercice, il se forma dans son cœur un vif désir de connaître l'époque de sa mort ; en même temps elle crut entendre une voix venant de la statue qui lui indiquait le 10 août comme étant le jour ou sainte Philomène était entrée triomphante dans le Ciel. La Sœur, redoutant dans son humilité d'être victime d'une illusion soumet aussitôt cette vision à ses Directeurs, qui les écrivirent à Dom François. Celui-ci les engagea fortement à rassurer l'âme craintive de Marie-Louise. Fortifiés dans leur propre conviction par cette réponse, et confiants dans la solide vertu de leur pénitente, les pères spirituels de la *sœur,* lui ordonnèrent, au nom de la sainte obéissance, de redoubler ses instances auprès de sainte Philomène. La religieuse obéit, et « *comme l'obéissance remporte des victoires* » la Sainte lui apparut de nouveau et lui révéla les émouvants détails de sa vie et de son martyre, dont nous allons offrir à nos lecteurs, sous une forme historique, l'édifiant récit, n'ayant du reste nullement, l'intention de l'imposer à leur foi ; ce droit étant uniquement réservé au Vicaire de Jésus-Christ et à la sainte Eglise dont il est le chef infaillible.

Chapitre 2

Vie de sainte Philomène, vierge et martyre.

Réjouis-toi, jeune vierge, courage !
Lève les yeux, un beau jour va briller.
Réjouis-toi, ne crains pas l'orage,
Du Tout-Puissant je puis le messager ;
Témoin secret de ta longue souffrance,
Je porte à Dieu tes soupirs et tes vœux.
Ah ! du tyran ne crains pas la vengeance,
Jésus ton Dieu, Jésus est dans les Cieux.

L'ange à sainte Philomène dans sa prison.
Extrait du drame religieux du R. P. X... de la Compagnie de Jésus.

Du temps où Dioclétien était empereur, régnait sur une des cités de la Grèce échappées à sa domination un prince dont la bonté faisait le bonheur de ses sujets. Il avait épousé une jeune grecque, issue du sang royal, qui le rendit père d'une gracieuse enfant : on lui donna au baptême le doux nom de *Philomène.*

Douée d'une vive intelligence, son esprit s'ouvrit avant l'âge aux sublimes conceptions de la religion chrétienne. Elle était à peine entrée dans sa treizième année quand son père, menacé d'une guerre injuste se rendit à Rome, et, ne pouvant se séparer de la reine ni de sa bien-aimée Philomène, il se présenta avec elles devant Dioclétien. Celui-ci, sur sa demande, consentit à ne pas exécuter ses belliqueux projets. Mais frappé de la rare beauté de Philomène, il y mit la condition qu'il lui donnerait sa fille en mariage. A cette demande imprévue, le prince, tout interdit, s'inclina profondément en signe d'adhésion. Le visage de la reine resplendissait de joie, tandis que celui de Philomène était empreint d'une profonde tristesse. Une fois rentrés dans leur demeure, les parents pressèrent leur chère enfant d'accéder aux désirs de Dioclétien ; relevant alors sa jolie tête qu'illuminait un rayon céleste, elle leur dit avec un accent inspiré : « *La fiancée du Christ ne saurait devenir la compagne d'un époux mortel, fût-il le maître du monde. Depuis un an, j'ai voué ma virginité au Seigneur, et ce vœu sacré je le renouvelle en ce moment à la face du Ciel et de la terre.* »

La fermeté de la fille réveille dans l'âme du père les sentiments de courage et de foi, que l'ambition y avait d'abord étouffés, il se rend auprès de l'empereur et lui transmet, sans aucun détour, le refus de la jeune princesse. Le tyran fut irrité et ordonna au prince de ramener Philomène au palais. Le malheureux père revint chez lui tout troublé et cédant à la crainte que, lui inspire le courroux de l'empereur, il conjure Philomène de revenir sur sa première décision. La reine joint ses instances, ses prières à celles de son époux, mais voyant qu'elles restent sans effet, elle tombe aux genoux de son enfant en versant un torrent de larmes.

« Ô ma mère, relevez-vous, dit la jeune fille, dont l'âme était brisée de douleur. *Relevez-vous, votre affection déchire mon cœur ; mais il appartient à Dieu seul. Nul autre désormais ne saurait le posséder. « Non mon enfant,* répond la mère, *je resterai à tes pieds, je les arroserai de mes pleurs. Nous verrons bien celle des deux qui triomphera de l'autre. » « Ce n'est pas moi qui lutterai avec vous, mère chérie ; c'est mon Dieu. C'est le votre qui combattra pour moi. » « Philomène lumière de mes yeux, soleil de ma vie, continue la reine, aie pitié de nous à qui tu dois le jour, aie pitié de ta patrie, de toi-même. Songe aux biens que tu perds. » « Mon Dieu et la sainte virginité sont mes biens les plus chers ; le Ciel, voilà mon royaume et ma véritable patrie ».*

Le prince, voulant mettre fin à une lutte inutile, déclare à la reine et à sa fille qu'il est temps de le suivre chez l'empereur. Celui-ci les attendait avec une impatience que chaque moment de retard augmentait encore. Aussi, grande fut sa joie quand Philomène parut de nouveau devant lui. Le tyran lui parla d'abord avec une grande douceur et employa pour vaincre les résistances de l'héroïque princesse toutes les ressources, toutes les ruses diaboliques que l'esprit de malice mit en son pouvoir. Mais rien ne peut ébranler la jeune vierge, alors Dioclétien la fait jeter, couverte de lourdes chaînes, dans un noir cachot où pendant plus d'un mois il se rend chaque jour, afin de lui renouveler ses menaces et ses promesses.

Philomène reste insensible aux unes et méprise les autres ; mais sa captivité se prolonge [8] et la sainte qui aspire de toutes les forces de son âme au bienheureux instant où elle pourra enfin cueillir la palme du martyre, s'attriste de ne pas le voir arriver. Le Seigneur la console par une douce vision. Une nuit, Marie lui apparaît tenant le divin Jésus entre ses bras, et lui promet que dans trois jours elle verra la fin de ses maux. Ce ne sera pourtant, ajoute la Reine du Ciel, qu'après avoir souffert de rudes tourments pour l'amour de mon Fils.

En effet l'heure est proche où Philomène va être livrée aux plus affreux des supplices, et triomphera à la fois et des séductions de la vie et des douloureuses étreintes de la mort.

Dioclétien, voyant que les splendeurs du trône ne peuvent éblouir la jeune princesse, et que ses promesses séduisantes n'ont pour elles aucun attrait, la condamne à être flagellée ; aussitôt ce corps virginal est attaché à une colonne et n'offre bientôt plus aux regards de ses bourreaux qu'un assemblage de plaies sanglantes et livides. L'empereur, qui en est averti fait cesser cette cruelle torture, et l'innocente victime est reconduite dans sa prison où des Anges la guérissent en versant sur elle un baume salutaire. Dioclétien apprenant cette nouvelle fait comparaître devant lui l'héroïne de la foi et s'efforce de la convaincre que c'est à *Jupiter*, le maître des dieux, qu'elle doit sa subite guérison.

« Il vous veut, ajoute-t-il, *pour impératrice de Rome. Ne résistez pas à ses ordres acceptez la couronne et le sceptre que je vous offre. « Le Dieu des chrétiens est le seul maître du monde et vos dieux ne sont rien. » « Voyez cette couronne d'or et ce sceptre, je vous le donne en signe de puissance, d'amour et de pardon ». « Qu'on me rende mes chaînes, je les préfère à votre or, à vos richesses, à un trône souillé ».*

[8] Elle durait depuis 37 jours.

« C'est assez souffrir de tes insultants dédains ; tu rejettes le bonheur et la gloire, eh bien ! je te donnerai la douleur et l'ignominie », s'écrie l'empereur, et en même temps il ordonne que Philomène soit précipitée dans le Tibre, une ancre au cou, afin que sa mémoire y soit ensevelie à jamais. Mais Dieu, qui se rit des menaces de l'impie et déjoue, quand il lui plaît, ses criminels desseins, envoie au secours de la jeune vierge deux messagers célestes. Ceux-ci coupent la corde à laquelle l'ancre est retenue, puis dans leurs ailes rapides ils emportent Philomène et la déposent pleine de vie sur le rivage. A la vue de ce prodige, plusieurs païens se convertissent ; mais le cœur de Dioclétien, comme autrefois celui de Pharaon, s'endurcit de plus en plus, et dans un accès de rage, il commande que la protégée des anges, après avoir traînée dans les rues de Rome, soit transpercée d'une grêle de dards les plus acérés. Cet ordre barbare est exécuté avec une telle rigueur que, lorsque Philomène est reconduite dans son cachot elle semble prête à rendre le dernier soupir. Cependant, Dieu qui lui ménage d'autres triomphes, lui envoie un sommeil réparateur, et quand la martyre s'éveille, il ne lui reste plus aucun vestige des traits qui l'ont percée. Dioclétien, averti de ce nouveau miracle, ordonne que le supplice de la veille soit renouvelé devant lui. Mais, ô prodige ! les arcs demeurent impuissants et les flèches immobiles.

A cette vue le tyran sent redoubler sa fureur, il traite la sainte de magicienne et par un raffinement de cruauté, il fait tremper les flèches dans une fournaise ardente et soumet Philomène à cet affreux tourment ; mais ces dards enflammés, après avoir parcouru une partie de l'espace, retournent en sens contraire pour atteindre ceux qui les avaient lancés. Plusieurs tombent morts, d'autres se convertissent et le peuple, témoin de cet étonnant spectacle, fait retentir les airs de cris d'admiration et de joie. Dioclétien, craignant une sédition, décrète que sa victime soit sur le champ décapitée. Philomène entend sans pâlir cette sentence suprême et reçoit en souriant le coup, qui, en brisant ses liens mortels l'introduit au céleste séjour, revêtue de la double gloire de la *virginité et du martyre.*

Le jour, si heureux pour Philomène, de sa réunion à son divin époux, fut un vendredi et l'heure de sa mort la troisième de l'après-midi, la même qui vit expirer le Rédempteur du monde.

Dès que la connaissance des attachantes révélations de la vénérable sœur Marie-Louise de Jésus, fut répandue parmi les fidèles, tous les cœurs en éprouvèrent une joie surnaturelle. Comment s'en étonner, puisqu'elles apparaissaient revêtues de tous les signes de crédibilité que l'on peut demander en dehors des faits proposés par l'Eglise à notre croyance. De plus, la vie sainte de la Voyante : la piété, le zèle, les lumières surnaturelles du prêtre vénéré qui les a fait connaître ; le parfum si suave et si pénétrant qui s'en échappe, le merveilleux des incidents, la sympathique figure de l'héroïne, *une vierge martyre,* et surtout les miracles qui s'opéraient en si grand nombre par son intervention, tout contribuait à leur propagation. Participant à cet état des âmes, la religion, la poésie et les arts rivalisèrent d'hommages envers cette grande Sainte, d'abord *Princesse de la terre* et puis *Princesse du Ciel.* Les livres qui traitent de la vie des saints ont retracé tour à tour la vie et le martyre de la Vierge de Mugnano, en reproduisant textuellement les révélations de la Vénérable sœur Marie-Louise de Jésus.

C'est ce que nous avons fait aussi ; mais nous avons tenu à les mettre *in extenso* à la fin de notre livre comme en étant le pieux couronnement.

Chapitre 3

Guérison de Mademoiselle Pauline Jaricot, fondatrice de la Propagation de la Foi et du Rosaire vivant. Guérison reconnue miraculeuse expressément par la sainteté Grégoire XVI.

« Si vous revenez guérie, je dirai que c'est un miracle de premier ordre. »

(Paroles de Grégoire XVI à Mademoiselle Jaricot.)

Le récit de la guérison de mademoiselle Pauline Marie Jaricot, la pieuse fondatrice de la Propagation de la Foi et du Rosaire vivant, doit avoir une place toute spéciale, entre tous les Prodiges dont Mugnano fut le théâtre en l'année 1835 et suivantes ; non seulement en raison des circonstances dont ce miracle fut environné, mais surtout par son retentissement prodigieux et les développements admirables du culte de sainte Philomène dans notre chère patrie, qui en furent le glorieux épanouissement.

Atteinte depuis plusieurs années d'un mal déclaré incurable, mademoiselle Jaricot eut l'inspiration d'entreprendre le voyage de Mugnano près de Naples. Le bruit des prodiges qui s'opéraient au tombeau de la sainte Martyre étant parvenu jusqu'à elle dans la belle solitude du nom de *Lorette,* qu'elle occupait, située à Lyon un peu au-dessous de l'antique sanctuaire de Notre-Dame de Fourvières. Son médecin auquel elle demanda un jour si, « *dans l'état où elle se trouvait, entreprendre un voyage serait attenter à sa vie* », crut que la malade était en proie au délire de la fièvre et ne voulant pas lui causer d'émotion se contenta de lui dire : « *comme depuis longtemps, rien n'explique la prolongation de votre existence, vous pouvez sans aucun scrupule satisfaire votre fantaisie de déplacement* », et il ajouta plus bas en s'adressant à une personne : « *Il ne faut pas la contrarier, il n'y a plus rien à espérer* ». Le bon docteur était bien loin de se douter jusqu'où irait « la *fantaisie du déplacement* ». Quoi qu'il en soit, la malade, s'appuyant sur le *latsser-passer* qu'elle avait obtenu, fit aussitôt ses préparatifs du départ projeté.

On était au mois d'avril 1835. Le voyage d'Italie ne se faisait pas aussi rapidement qu'aujourd'hui il fallait plusieurs semaines pour arriver à Rome, et de Rome il y avait encore un assez long espace de chemin à parcourir pour atteindre Mugnano. Sans s'inquiéter de ces difficultés, la mourante se met en route, étendue dans une voiture très douce, dans laquelle étaient aussi montés son chapelain et deux personnes dévouées ; Pauline-Marie, dévorée par une fièvre ardente, s'unissait intérieurement à la récitation à demi-voix du Rosaire que faisait son entourage, sans laisser échapper aucune plainte.

Les jours s'écoulaient ainsi sans amener la mort... Peu à peu on en vint à partager la confiance de la sainte malade. Un fait charmant ménagé par la divine Providence remplit tous les cœurs d'une ineffable joie.

On était arrivé à un endroit des Alpes, où l'épaisseur de la neige ne permettait plus d'avancer que difficilement, même avec l'aide de plusieurs montagnards et de leurs bêtes de somme. Le ciel d'un bleu limpide enveloppait, comme un pavillon, les cimes éblouissantes que le soleil du printemps inondait de lumière et de splendeur !... Le regard découvrait au loin un horizon immense et en bas des cascades, des lacs, des torrents et des vallées, déjà riches de verdure et peuplées d'innombrables troupeaux. On venait de s'arrêter pour contempler à loisir ces merveilles, quand, tout-à-coup, un gracieux enfant se présente à la portière de la voiture, sourit à la malade, la regarde avec une ineffable tendresse, et dépose entre ses mains une rose blanche exhalant un délicieux parfum. Le jeune messager disparut si rapidement dans les sinuosités des montagnes que Pauline-Marie eut à peine le temps de répondre, par un sourire d'espérance, au céleste sourire de l'inconnu. Quel était cet enfant ? d'où venait-il ? Nul ne put le dire. Quant à la fleur si belle, les montagnards affirmèrent qu'aucune rose semblable à *la rose embaumée* ne fleurissait dans ces parages.

L'humilité de Pauline ne vit dans cette rencontre qu'une aimable attention de la Providence. D'autres y trouvèrent un mystérieux symbole de l'hommage du Rosaire vivant que la servante de Marie allait faire au chef suprême de l'Eglise.

Enfin après de longs jours d'angoisses, on arriva à Rome. Mademoiselle Jaricot et ses deux compagnes reçurent au couvent des religieuses du Sacré-Cœur *della Trinita del monte*, la plus cordiale hospitalité. Sa Sainteté Grégoire XVI daigna s'y transporter pour remercier celle à qui l'Eglise était redevable de deux grandes œuvres et qui donnait l'exemple d'une foi si héroïque dans l'intercession des saints. Le Saint Père, frappé de l'état dans laquelle il la trouva, lui demanda de prier pour lui et pour l'Eglise dès qu'elle *serait arrivée au Ciel. « Oui, Très Saint Père,* répondit la mourante, *je vous le promets ; mais,* ajouta-t-elle, *si à, mon retour de Mugnano, j'allais à pied au Vatican, Votre Sainteté daignerait-elle faire procéder à l'autorisation du culte de la chère sainte Philomène ? » « Assurément,* répondit le vénéré Pontife, *car il y aurait miracle de premier ordre ».*

Puis se tournant vers la Supérieure de la Maison il ajouta en italien : *« Qu'elle est donc malade ! elle semble sortir de la tombe ! »*

Après quelques jours de repos, on se remet en route. Pendant le trajet de Rome à Mugnano, la pauvre malade s'affaiblissait d'heure en heure, et aucune parole, pour ainsi dire aucun souffle, ne sortait plus des lèvres décolorées de Pauline-Marie. Aussi on ne saurait dire au prix de quelles angoisses la malade arrivée à *Mugnano,* put être transportée au tombeau de la Vierge Martyre. A sa vue le peuple profondément ému voulut faire publiquement une neuvaine pour obtenir sa guérison. Le dernier jour, comme on achevait avec une incomparable ferveur les prières accoutumées, Pauline-Marie éprouva d'inexprimables souffrances, son corps s'affaissa sur lui-même, n'offrant plus aux regards de la foule terrifiée que l'image saisissante de l'immobilité et de la pâleur de la mort.

A cette vue, les bons Napolitains, pensant qu'elle était sans vie, poussèrent de tels cris que l'on crut prudent d'emporter au plus vite le grand fauteuil sur lequel gisait la malade. Mais elle, dans un suprême effort de foi et d'espérance, fit signe qu'elle voulait rester là, dût-elle rendre le dernier soupir auprès de cette tombe virginale, sur laquelle son regard restait attaché avec un indicible amour.

C'était l'heure de la Toute-Puissance divine.... Comme autrefois, dans la Judée, le Sauveur sentit qu'on l'avait touché de telle sorte, qu'une vertu s'était échappé de lui, la Vierge Martyre avait senti elle aussi sa sœur de la terre la toucher de telle sorte que ses ossements sacrés en avaient tressailli. Et tout-à-coup, pour Pauline-Marie, la maladie disparut... *« Elle se leva radicalement guérie »*.

A la vue de ce prodige, l'allégresse fut générale, il y eut des chants de joie, des trépignements, et les airs retentirent des cris mille fois répétés de : *« Vive sainte Philomène ! Vive, la bonne Martyre ! »*

On s'imagina même de porter la miraculée en triomphe, mais elle s'y opposa énergiquement. Son grand fauteuil qui servait depuis si longtemps fut laissé en forme *d'ex-voto* auprès du tombeau de la Thaumaturge, et, pour répondre à l'ardeur reconnaissante des Napolitains, mademoiselle Jaricot fit avec eux une neuvaine d'actions de grâces ; venant à pied à l'église plusieurs fois chaque jour sans en ressentir aucune fatigue [9].

En quittant Mugnano, elle emporta une relique insigne de sainte Philomène dans une effigie de grandeur naturelle, revêtue d'un riche costume de soie blanche brodée d'or et d'un manteau de même étoffe, sur la tête un diadème rappelait la naissance royale de la vierge, et dans sa main, se trouvaient l'ancre et la palme indiquant par quel genre de mort elle avait glorifié Dieu.

---

[9] Mademoiselle Jaricot se fit inscrire au nombre des membres delle Monacelle de sainte Philomène dont elle voulut porter à Mugnano les insignes, le voile et le crucifix, elle eut en outre la dévotion d'ajouter le nom de Philomène à ses autres prénoms.

Ainsi déposée dans la voiture sur la banquette du fond, cette douce image occupa la place où, mourante, mademoiselle Jaricot était demeurée étendue de Lyon à Mugnano. Elle s'assit à rebours, vis-à-vis, sans que cette position l'incommodat le moins du monde.

En laissant la place d'honneur à sa céleste bienfaitrice, Pauline-Marie était loin de supposer ce que cette marque de déférence allait valoir d'hommages à la chère Sainte.

Aux relais, les postillons qui l'avaient amenée dans un état voisin du trépas, criaient tout haut : *« Miracle ! Miracle ! Vive sainte Philomène »* ! A leurs cris, la foule accourait de tous côtés, se pressait autour de la voiture en invoquant la sainte Martyre, à l'effigie de laquelle grands et petits, riches et pauvres, faisaient toucher quelque objet.

Naples s'émut, au passage de la *relique sacrée* de sainte Philomène, dont la gracieuse image réjouissait tous les yeux. L'évêque de cette ville accueillit Pauline avec autant de distinction que de bienveillance, et lui fit vénérer lui-même le sang de saint Janvier, en présence de Mgr. Gabriel Ferretti, nonce Apostolique auprès du roi des Deux-Siciles.

La miraculée s'éloigna de Naples après avoir reçu les touchants adieux d'un grand nombre de personnes, qui lui avaient témoigné une bonté parfaite. Tout le long de la route elle eut la consolation de voir sainte Philomène acclamée et bénie.

A son départ de Naples, le maître des postes, ayant vu dans la voiture l'effigie de la martyre, avait adressé à celle-ci une harangue en assez bon français et très expressive. Quand on s'arrêtait pour changer de chevaux, des vieillards, des jeunes gens, des femmes, des enfants accouraient ; beaucoup de jeunes filles suppliaient la bonne française de les emmener avec elle, afin qu'elles pussent, disaient-elle, vivre et mourir dans le monastère de *la vierge de Mugnano.*

De toutes ces innombrables faveurs que valut à Pauline et à son entourage leur céleste compagne de voyage, la plus précieuse fut la possibilité de pouvoir communier tous les jours ; elles lui durent aussi de n'avoir éprouvé aucun accident et d'être à l'abri de l'inspection des douanes qui, en Italie assujettissaient les voyageurs aux formalités les plus désagréables.

On lui avait délivré, à Naples, en l'honneur de la « *Princesse du Paradis* » un laisser-passer pour elle et les personnes qui l'accompagnaient, en sorte qu'on ne les arrêta nulle part.

Ayant entendu dire qu'une française, guéri miraculeusement à Mugnano, avait dans sa voiture une relique de sainte Philomène, une jeune femme accourt, éperdue, déposer près de cette relique sa petite fille agonisante, et s'écrie avec la foi qui touche le cœur de Dieu : « *Maintenant elle ne peut plus mourir...* » *!* En effet, l'innocente créature est rendue pleine de vie à sa mère.

Bénie et invoquée de tous, la *« Princesse du Paradis »* et son pieux cortège arrivèrent à Rome où, pour jouir de l'étonnement de Grégoire XVI, Pauline n'avait point fait connaître sa guérison ; aussi, lorsque, pleine de force et de santé, elle se présenta au Vatican : « *Est-ce bien ma chère fille ?*, s'écria le vénéré Pontife. *Revient-elle de la tombe, où Dieu a-t-il manifesté en sa faveur la puissance de la Vierge Martyre ? » « C'est moi, Très Saint Père, c'est la pauvre Lyonnaise que votre Sainteté a vu mourante, il y a deux mois, et que sainte Philomène a regardée en pitié... Puisqu'elle m'a rendue la vie, daignez me permettre d'accomplir le vœu que j'ai fait d'élever une chapelle à ma bienfaitrice ? » « Assurément, ma fille,* répondit Grégoire XVI avec une extrême bonté, *et je vais procéder, sans retard, à l'examen définitif d'une cause chère à tous les cœurs catholiques ».*

Le vénéré Pontife se fit raconter, jusqu'aux plus petites circonstances, le voyage de Mugnano. Dans son admiration et sa joie, il faisait marcher Pauline dans les immenses salles du palais, et quand elle s'arrêtait, il lui disait aimablement : *« Encore, encore, plus vite !... je veux être très sûr de n'avoir pas sous les yeux une apparition de l'autre monde mais ma chère fille de Fourvières... »*

Comme cette chère fille allait et revenait en toute simplicité, sans se préoccuper de rien, le Maître des Cérémonies lui fit observer que l'étiquette défendait de marcher en tournant le dos au Pape.

« *Bah ! Bah !* reprit en souriant Grégoire XVI, *ne vous préoccupez pas de cela... le bon Dieu a fait en sa faveur bien d'autres exceptions... !* » L'auguste vieillard combla Pauline des privilèges les plus signalés, et la retint à Rome une année entière, afin que le prodige opéré en sa faveur pût être étudié et constaté à fond.

Le retour de mademoiselle Jaricot à Lyon causa dans cette ville une émotion générale. Celle qui, en partant, ne devait pas aller jusqu'au premier relais, gravissait d'un pas ferme et léger la colline de Fourvières, après avoir fait le voyage de Naples. Une foule considérable l'accompagna jusqu'au sanctuaire vénéré, où le Magnificat fut solennellement chanté en actions de grâces d'une guérison si miraculeuse. Retirée dans sa chère solitude, Pauline-Marie y fit bientôt élever à sainte Philomène un délicieux sanctuaire que Grégoire XVI enrichit d'une relique insigne de la Vierge Martyre, joignant à cet inestimable don plusieurs autres gages sacrés de sa pieuse munificence.

Ce béni sanctuaire est devenu un pèlerinage très fréquenté. De nombreux *ex-voto* attestent que les prières qu'on y adresse à la Vierge Martyre sont agréables à cette aimable Sainte.

✠

Prière de mademoiselle Jaricot,

promotrice du culte de sainte Philomène en France.

Ô Philomène ! fille chérie de la Reine du Ciel, votre Mère se complaît dans votre beauté ; elle se fait gloire de tous les charmes de votre vertu, et son cœur s'épanouit de joie à la vue des palmes et des couronnes que vous décernent à l'envie tous les peuples. Philomène, vos bienfaits vous ont fait connaître de toutes les nations, votre nom est venu porter dans ma patrie un nouveau motif d'espérance, il est arrivé jusqu'à moi ce nom si doux et à peine l'ai-je connu qu'il m'a été donné d'éprouver les effets de votre charité !... Ô Philomène ! Toute ma vie je vous regarderai comme mon Ange tutélaire, je ferai mon possible pour vous faire honorer, afin que tous puissent expérimenter comme moi combien vous êtes bonne, pour ceux qui vous invoquent.

✠

Disons encore que sa sainteté Grégoire XVI a daigné placer l'association du Rosaire vivant sous le patronage de sainte Philomène. Faveur bien grande que sa sainteté Pie IX a confirmée en nommant un cardinal français : Mgr de Villecourt, protecteur de l'association.

Quatrième partie

Le culte de sainte Philomène en Italie.

Le sanctuaire de Mugnano.

Pèlerinage de sa sainteté Pie IX au sanctuaire de sainte Philomène à Mugnano-Del-Cardinale.

Messe propre et office de sainte Philomène.

Chapitre 1

Culte de sainte Philomène en Italie.

Que vois-je ! des autels en Italie, en France !
Mon nom, mon humble nom, délices de l'enfance.
Des asiles pieux bâtis en mon honneur,
Des temples élevés à ta gloire, Seigneur.
Sous l'invocation de ta pauvre servante.

Mademoiselle de Lartal.
Martyre de sainte Philomène.
(Drame religieux.)

Le culte de sainte Philomène a commencé dans les catacombes au moment où elle a été proclamée Vierge Martyre dans la solennelle invention de ses ossements sacrés ; il s'est affirmé pendant la translation à Mugnano, par suite des nombreux prodiges qui l'accompagnèrent et en devinrent une magnifique sanction.

Mais si le sanctuaire de Mugnano avait été favorisé de la gloire incomparable de posséder le saint corps de la Vierge Martyre et de devenir par là le centre de la dévotion des peuples, Rome où, s'est consommée son heroïque immolation, Rome la ville des papes (alors même qu'elle les retient captifs au Vatican), Rome le centre de la catholicité, Rome sous le souffle inspirateur et l'approbation des Souverains Pontifes, tint à honneur d'élever à sainte Philomène des autels qui pour la plupart devinrent des lieux de pèlerinage très fréquentés.

Le pape Léon XII l'appelait familièrement sa grande Sainte.

Le pape Grégoire XVI lui avait donné le surnom de Thaumaturge. Ce Pontife bénit lui-même au mois de mars 1834 une de ses images pour être exposée à la vénération publique au Caravità où la Sainte a une magnifique chapelle, et, comme gage de sa dévotion envers elle, il envoya à Mugnano un beau calice et un précieux médaillon à son effigie.

A Naples, le culte de la Sainte se présente sous des formes multipliées. Les visites aux églises où elle est particulièrement honorée est une des pratiques les plus usitées, son image bénie se rencontre dans les maisons sur les voies publiques, son souvenir s'y trouve identifié à presque tous les actes de la vie, et ce n'est pas sans un filial orgueil que les habitants de cette grande cité la proclament à l'envi leur bien aimée Patronne.

L'évêque d'Imola voulut offrir lui-même le saint Sacrifice à l'occasion de l'exposition du superbe tableau de sainte Philomène sur le principal autel de l'église de S. Jacques, des prêtres de S. Philippe de Néri. Cet Evêque Archevêque d'Imola n'était autre que *Mgr Mastaï* qui devait, sous le nom de Pie IX, occuper si glorieusement la Chaire de saint Pierre.

Ancône se signala entre les autres cités des Etats Pontificaux par son zèle à honorer la Vierge Martyre. Dès le mois d'août 1833, une magnifique chapelle lui avait été consacrée dans l'église des Servites, dite de Saint-Pierre. Le Pape Grégoire XVI, pour encourager la dévotion des pèlerins, ouvrit en leur faveur le trésor des indulgences.

La même faveur fut accordée à Turin dans une circonstance semblable. La célèbre marquise de Barole s'étant rendue en pèlerinage à Mugnano, elle y eût l'inspiration d'établir à Turin un petit hôpital pour les petites filles, desservi par les oblates de Ste-Marie Madeleine dont elle était la fondatrice. Ce qu'elle fit à son retour. La pieuse marquise mit cet établissement sous le patronage de Ste Philomène et lui donna son nom. La chapelle intérieure de l'hôpital reçut le même vocable. Elle unit à ce refuge de la souffrance un ouvroir également pour les pauvres petites filles, afin de leur apprendre à travailler et de les empêcher de courir ça et là dans les rues de la cité.

Florence, Bologne, Venise, Lucera, Gaëte, Otrante, Reggio, Palerme, Agrigente, Messine, en un mot toutes les villes de la Péninsule et de la Sicile rendirent presque simultanément un culte enthousiaste à la Vierge Martyre qui de son côté, récompensait par des prodiges éclatants l'ardent amour qu'on lui témoignait.

Revenons maintenant au béni sanctuaire de Mugnano, ce foyer incandescent dans lequel la dévotion à Ste Philomène vient sans cesse se raviver.

Chapitre 2

Le sanctuaire de Mugnano depuis sa reconstruction.

L'ancienne église de Mugnano ne suffisant plus aux nombreux pèlerins qui venaient la visiter, il fut décidé que l'on construirait un plus grand édifice contigu à l'ancien qui porterait toujours le touchant vocable de Notre-Dame des Grâces. (Mémoires).

Les constructions commencées en 1853 furent achevées en 1856. On peut dire que dans cet admirable sanctuaire l'or, le marbre, l'architecture et la peinture rivalisent de beauté ; en faire la description détaillée nous mènerait trop loin. Nous parlerons donc spécialement de la chapelle du pèlerinage ; disons toutefois en passant que les faits relatifs à l'invention, *et* à *la translation du corps de sainte Philomène* sont inscrits sur une longue table de marbre à droite de l'église. Nous dirons aussi qu'à l'entrée du même côté, une porte ouvre sur la salle des offrandes où une sœur de charité reçoit les dons des fidèles [10] et leur distribue des images, des médailles, des cierges, tout ce qui a trait à la dévotion envers sainte Philomène. Vient ensuite la salle du trésor, remplie de portraits, d'ex-voto, de vases et d'ornements sacrés.

Les deux chapelles du milieu de la nef sont consacrées au culte de la Sainte ; c'est dans la chapelle de gauche que l'on vénère ses restes précieux. Rien ne saurait donner une idée de la richesse et de l'incomparable ornementation de ce béni sanctuaire. Deux grandes colonnes de marbre jaune avec des chapiteaux de l'ordre corinthien, sont placées de chaque côté de l'entrée, elles ont été données en 1856 par le roi Ferdinand II. Deux pilastres du même marbre s'élèvent derrière ces colonnes. A une petite distance deux autres moins grandes soutiennent

---

[10] Ces libéralités sont d'autant plus nécessaires pour couvrir les dépenses d'entretien du sanctuaire, que la révolution de 1860 lui a enlevé, en grande partie, les possessions dont le roi Ferdinand II l'avait enrichi.

à droite et à gauche de l'autel l'entablement et le fronton qui le surmonte ; sous la corniche on lit en gros caractères *Autel privilégié perpétuel.*

Dans le fond de la Chapelle on remarque *el vuoto* où l'on conserve la magnifique urne de cristal qui contient le corps sacré de sainte Philomène. Devant les saintes reliques pendent neuf lampes d'argent de formes variées et gracieuses. L'autel est tout entier en marbre sculpté ; sur le socle sont inscrits les noms des donateurs que nous connaissons déjà : D. Alessandro Serio et Joanna De Fusco conjuges pari pietate, P. P. an D. 1814.

A gauche, dans un enfoncement du mur on aperçoit le tabernacle à porte de cristal où l'on conserve renfermée dans un riche reliquaire d'argent doré, en forme d'ostensoir, la petite ampoule qui contient le sang de la Martyre. En faisant jouer un ressort, on détache le reliquaire de son pied pour le faire baiser aux fidèles.

Le Tabernacle et le reliquaire on été donnés en 1859 par la pieuse Reine de Naples, *Marie-Thérèse d'Autriche* au sanctuaire de Mugnano.

La Chapelle *dite sépulcrale* parce qu'elle conserve, dans une urne placée sur un coussin rouge dans le tombeau de l'autel qui est vitré, les trois morceaux de terre cuite qui fermaient le tombeau de sainte Philomène : on y aperçoit toujours, peints en carmin les signes de son martyre, et la célèbre inscription : *Lumena pax tecum Fi* [11] brodée en lettres d'or.

Ces tuiles ont été gracieusement offertes par Léon XII qui les a fait tirer du musée des antiquités où elles étaient conservées pour être déposées au sanctuaire de Mugnano. Elles y arrivèrerent le 4 août 1807.

Un tableau peint sur toile représente la décollation de sainte Philomène.

---

[11] Ces mémoires sont la continuation des ouvrages de dom François de Lucia.

Mgr Gennaro, l'éminent recteur du sanctuaire de Mugnano, a ouvert depuis 22 années, des archives contenant le récit des merveilles opérées par l'intercession de sainte Philomène, les envois dans les sanctuaires étrangers des reliques de la Sainte, sollicitées par des évêques, des prêtres, des Communautés. C'est désigner l'Europe d'abord, puis l'Amérique, les Indes orientales, l'Australie, le Japon, la Chine elle-même *qui est* représentée dans le sanctuaire par un ex-voto. Les lettres écrites de toutes les *parties du monde* où le culte de la Sainte s'est établi sous le souffle béni des missionnaires. Le digne prélat livre ensuite à l'impression les comptes-rendus les plus importants de tous ces faits. Ces publications sont un magnifique monument élevé à la mémoire de la Sainte, et c'est dans ces lignes autorisées que les écrivains religieux vont tour à tour puiser la plupart des faits qu'ils offrent ensuite a leurs lecteurs.

Mais le pèlerinage de Mugnano est tellement fréquenté qu'il devient impossible de tout consigner. « *Nous n'en rapportons pas la centième partie* », écrivait dernièrement (11 octobre 1890), la chère sœur de S. Vincent de Paul chargée spécialement de la sacristie et de ce qui regarde le pèlerinage.

Dans le mois d'avril spécialement, il ne se passe pas de jour où il ne vienne des pèlerins par centaines et par milliers.

Il y en a de toutes les conditions, mais les plus nombreux sont les *Contadini* (les habitants des campagnes) ; leur foule est si compacte et si recueillie qu'il est impossible d'interroger ces fervents dévots qui fondent en larmes de reconnaissance pour les différentes grâces ou faveurs qu'ils ont obtenues par l'intercession de sainte Philomène. Ils nous laissent des offrandes pour messes, litanies, et des objets plus ou moins précieux dont ils se privent, se dépouillent, en signe de reconnaissance et pour s'acquitter des diverses promesses qu'ils ont faites.

D'autres personnes, d'un rang plus élevé, offrent également des dons pour réaliser les vœux prononcés au moment du danger. Les mois de mai et de juin amènent aussi beaucoup de pèlerins. « *Les correspondances,* ajoute la chère sœur, *sont de même très nombreuses parce que le culte de la chère Sainte s'est tellement répandu que bientôt il n'y aura plus de lieux où elle ne soit en vénération, et où elle ne donne des preuves de son puissant crédit auprès de son divin époux.* » Les Souverains Pontifes se sont montrés bien généreux envers le sanctuaire de Mugnano et les pèlerins qui le visitent en leur ouvrant le trésor des Indulgences dont les pauvres âmes du Purgatoire ont la plus grande partie. C'est ainsi que l'Église *Souffrante* trouve un soulagement à ses douleurs par suite des touchants témoignages de reconnaissance que les enfants de la terre viennent en foule offrir au Seigneur pour les nombreux bienfaits obtenus par la médiation de sainte Philomène.

Dom François de Lucia fonda en 1827, à Mugnano, les petites religieuses *(Monacelle)* de sainte Philomène ; comme au temps de la primitive Église, elles vivent dans leur famille en faisant le vœu simple de chasteté ; elles s'obligent à certains exercices de piété et portent un vêtement de laine noire. Leur tête est couverte d'un long voile blanc et un petit crucifix repose sur leur poitrine.

On rapporte que le Pape Léon XII, entendant un jour le célèbre missionnaire Salvator Pascali faire l'éloge des *Monacelle,* exprima le désir de connaître en détail ce qui les concernait. Lorsqu'il eut appris le bien que faisaient ces anges du foyer domestique et à quel point leur présence dans le monde était par leurs bonnes œuvres et leurs douces vertus un sujet d'édification : « *C'est là,* s'écria-t-il, *sans contredit, le plus grand des miracles de la grande Sainte. Quoi ! dans un siècle où la corruption est universelle dans un royaume où la religion a tant à souffrir, il se trouve des âmes assez pures et généreuses, qui osent publiquement fouler aux pieds et la chair et le monde ! Je les bénis toutes.* » Et levant ses mains vers le Ciel le saint Pontife les bénit en disant : *« Qu'elles soient toutes bénies » !...* Cette bénédiction a été pour elles le *Croissez et Multipliez* qui les a fait se multiplier en nombre et en vertus. Nous ne pouvons résister au désir de raconter ici en quelques mots la simple histoire de l'une d'entr'elles :

Cette jeune fille, elle avait à peine 18 ans, aspirait à la vie religieuse, mais restée seule avec ses parents (son frère s'étant marié, et ses deux sœurs étant entrées au couvent), elle comprit que mieux valait rester avec ses parents que de les abandonner. Elle resta donc avec la résolution bien arrêtée de se dépenser tout entière pour les rendre heureux, les soigner dans leurs maladies et devenir leur bâton de vieillesse au déclin de leurs jours.

Mais celle qui semblait ne vivre que pour ses parents, vivait avant tout pour son Dieu et, pour satisfaire sa tendre piété elle dressa elle-même l'acte formel de cette magnifique union le 19 mars de l'année 1860, en la fête de saint Joseph. Vingt ans plus tard, cette sainte et blanche main écrivit au-dessus de cet encadrement formel mais temporaire : « *Fait et prononcé le vœu de chasteté perpétuelle le 15 août 1882* ». Toutefois ce vœu solennel ne brisa pas les liens qui la retenaient auprès de ses parents, seulement il rivait à jamais la chaîne mystique qui l'attachait à son époux Jésus.

✠

Le Cordon de sainte Philomène.

Cette pratique de dévotion est très répandue et enrichie d'indulgences, elle consiste à porter sous ses vêtements un cordon rouge et blanc, béni à cet effet. On recommande aux associés la récitation de la prière suivante : « *Sainte Philomène, Vierge et Martyre, priez pour nous, afin que par votre puissante intercession nous obtenions la pureté d'esprit, de cœur, et de corps qui nous porte à aimer Dieu par-dessus toutes choses* ».

Une association de sainte Philomène existe à Mugnano : on est en instances pour qu'elle soit érigée en Archiconfrérie. Tout fait espérer que le miraculeux sanctuaire jouira bientôt de ce privilège.

Rapportons ici en finissant que, par la munificence de Ferdinand II, il fut fondé à Mugnano, une maison annexée à l'église, maison destinée à recevoir des sœurs qui s'occuperaient des soins relatifs au sanctuaire et recevraient en même temps des jeunes filles de la localité et des environs dont elles feraient l'éducation. C'est aussi nos sœurs de S. Vincent de Paul qui occupent à Rome une maison située sur cette *via salaria* où eut lieu l'invention du corps de sainte Philomène. La Supérieure générale écrivait, il y a de cela plus de vingt années que sainte Philomène avait été déclarée « *Protectrice de son Institut.* » Du reste, disons-le une fois pour toutes, soit en Italie, soit en France, la plupart des maisons Mères des différentes congrégations religieuses de femmes rendent à sainte Philomène un culte tout filial qui se transmet dans les différentes localités où elles fondent des établissements.

Celles qui tiennent des pensionnats inspirent cette dévotion à leurs élèves qui la transmettent ensuite dans leurs familles. Les RR. Pères de la Compagnie de Jésus, les Lazaristes, les Missionnaires d'Alger, les Franciscains ont aussi beaucoup contribué à la diffusion de ce culte béni.

Chapitre 3

Pèlerinages.

Pèlerinage de Sa Saintetéé Pie IX à Mugnano del Cardinale.

«...Non seulement de saints prélats et des ecclésiastiques de grand renom,
mais encore des rois, des princes et d'autres fidèles, illustres par leur piété
et leur noblesse, sont venus des lointaines contrées vénérer son tombeau,
la remercier des bienfaits reçus, comme l'attestent des vases d'or et d'argent, des rubis,
des pierres précieuses, nombreux monuments de leur piété.
De plus, pour édifier les fidèles et satisfaire sa dévotion envers cette vierge et martyre,
le Pontife romain le Pape Pie IX, a visité le tombeau de la sainte Martyre, et célébré
les saints mystères sur son autel, le 7 du mois de novembre 1849.
Son culte et sa dévotion s'étendent chaque jour davantage,
non seulement à Mugnano, mais dans toute l'Europe ;
les autres contrées de l'univers célèbrent de nombreuses fêtes en son honneur. »
(5e leçon de l'office de sainte Philomène.)

Cette belle leçon de l'office de la Sainte est un admirable exposé du merveilleux spectacle qu'offrait le sanctuaire de Mugnano fréquenté par l'élite du monde catholique. Elle rapporte aussi une de ses gloires les plus pures, le pèlerinage, au tombeau de sainte Philomène, du Pontife suprême, Sa Sainteté Pie IX.

Chassé de ses Etats, réfugié à Gaëte où le roi des deux-Siciles, Ferdinand II, lui avait donné une filiale hospitalité, l'auguste banni voulut se rendre à Mugnano pour y vénérer les reliques de la sainte Martyre, et obtenir de Dieu par sa puissante intercession la soumission on peuple et son retour dans la Ville éternelle.

Le 7 novembre 1849 fut le jour choisi pour ce pieux pèlerinage dont la nouvelle, ébruitée à l'avance avait rempli la ville et le diocèse de

Nole d'une noble émulation, pour rendre honneur au Vicaire de Jésus-Christ.

Non seulement la ville, mais de simples bourgades s'empressèrent de placer sur le passage du Pape des arcs de triomphe, On l'attendait respectueusement avec le clergé de la localité revêtu des ornements sacerdotaux ; le chemin était couvert de fleurs, et des guirlandes enlaçaient les arbres sur le parcours du Saint Père. Ainsi se réalisait cette prédiction de Dom Lucia avant sa mort : « *Un Souverain Pontife, successeur de Grégoire XVI visitera le sanctuaire de Mugnano* ».

Ce fut entouré de tant d'hommages, que Pie IX arriva au pied des degrés qui conduisent au sanctuaire de sainte Philomène. C'est là que l'attendait, avec Mgr l'évêque de Nole, le roi de Naples, à genoux sur la terre nue et demandant à baiser les pieds du Pontife. De son côté, la reine prosternée sur les degrés de l'autel avec ses sept enfants, implorait sa bénédiction. L'auguste pèlerin entra dans le sanctuaire au chant de l'antienne *Ecce Sacerdos magnus,* et célébra les saints mystères à l'autel au-dessus duquel l'on vénère le corps de la Vierge Martyre, sainte Philomène avec l'assistance de Mgr le nonce et de l'évêque de Nole ; puis, selon sa pieuse habitude, il entendit la messe de son chapelain.

Le Souverain Pontife reçut alors des mains de Mgr l'évêque de Nole l'ampoule qui contient le sang de la Martyre, et, après avoir fait avec elle le signe de la croix sur son front, il la donna à baiser au roi et à toute sa famille. Le saint Pontife emporta en souvenir de son pèlerinage une petite fiole contenant quelques gouttes de l'huile de la lampe qui brûle jour et nuit devant le corps de la Sainte. Il daigna accorder ensuite au recteur du béni sanctuaire de Mugnano, Dom Hippolyte Gennaro et à ses successeurs, de porter les insignes de prélat et d'officier pontificalement.

Les habitants du royaume de Naples, jouissant de la protection perpétuelle de sainte Philomène, demandèrent, en témoignage de reconnaissance, qu'on lui décernât de nouveaux honneurs. Pendant son séjour dans leur capitale, le Souverain Pontife, se rendant à leurs vœux, proclama d'abord la Thaumaturge Patronne secondaire du royaume, puis, quelque temps après, par un décret de la Sacrée Congrégation des Rites, il approuva et concéda au clergé de Mugnano le nouvel *Office propre avec Messe en l'honneur de sainte Philomène du rite double de 2° Classe.*

Par un autre décret de la même Congrégation, en date du 15 janvier 1857, Sa Sainteté sur la demande de Mgr Formisano, évêque de Nole, étendit cette faveur à tout le clergé du diocèse et de plusieurs autres.

Quel puissant encouragement donné aux prêtres qui desservent les sanctuaires de sainte Philomène, pour solliciter la même faveur !... il suffit, pour l'obtenir, d'adresser à la Sacrée Congrégation des Rites une supplique apostillée par l'Ordinaire.

Chapitre 4

Messe propre.
En l'honneur de sainte Philomène.
Vierge et Martyre.

Introit.
Cantiq. de Moïse.

Le Seigneur est ma force et le sujet de mes louanges, parce qu'il est devenu mon Sauveur. Ps. 17. Je vous aimerai, Seigneur, vous qui êtes ma force ; le Seigneur est mon ferme appui, mon refuge et mon libérateur. V. *Gloire au Père… Le Seigneur.*

Oraison.

Ô Dieu qui nous soutenez par les mérites et l'exemple de la bienheureuse Philomène, Vierge et Martyre, accordez-nous dans votre bonté qu'affermis dans la foi et la charité, nous ne soyons point séparés de vous par la tentation. Par J.-C. N. S.

Lecture du Livre de la Sagesse. Eccl. 51.

Seigneur mon Dieu, vous m'avez élevé une demeure sur la terre, je vous ai prié de me délivrer d'un torrent de mort. J'ai invoqué le Seigneur, père de mon Seigneur ; afin qu'il ne me laisse point sans secours au jour de mon affliction et pendant le règne des superbes. Je louerai sans cesse votre nom et je le glorifierai dans mes actions de grâces, parce que vous avez exaucé mes prières, que vous m'avez délivrée de la perdition et que vous m'avez tirée du péril dans un temps d'injustice et de violence. C'est pourquoi je vous rendrai grâces, je chanterai vos louanges, ô Dieu notre Sauveur. *Rendons grâces à Dieu.*

Graduel.

Ps. 44. Vous avez aimé la justice et haï l'iniquité.

R. C'est pour cela que Dieu votre Dieu a répandu sur vous l'onction de sa joie. Alléluia. Alléluia.

V. A sa suite les Vierges seront amenées au Roi ; ses compagnes vous seront présentées au milieu de la joie.

Après la Septuagésime, on omet Alléluia *avec le verset suivant et l'on dit :*

Trait.

Venez épouse de J.C., recevez la couronne que le Seigneur vous a préparée de toute éternité, parce que vous avez répandu votre sang pour l'amour de lui.

Vous avez aimé la justice et haï l'iniquité ; c'est pour cela que Dieu, votre Dieu, a répandu sur vous l'onction de sa joie, de préférence à vos compagnes.

v. Parée de votre gloire et de votre beauté venez et régnez.

Au temps pascal, on omet le Gradue*l et l'on dit ce qui suit :*

Alleluia. Alleluia. v. A sa suite, les Vierges seront amenées au Roi ; ses compagnes vous seront présentées au milieu de la joie. Alleluia.

v. Parée de votre gloire et de votre beauté, venez et régnez. Alleluia.

*Suite du saint Évangile selon saint Matthieu.*Ch. 13.

En ce temps-là : Jésus dit cette parabole à ses disciples. Le royaume des Cieux est semblable à un trésor caché dans un champ, qu'un homme trouve et qu'il cache, et dans la joie qu'il a, il va vendre tout ce qu'il possède et achète ce champ, Le royaume des Cieux est encore semblable à un marchand qui cherche de belles perles. Lorsqu'il en a trouvé une de grand prix il va vendre tout ce qu'il a et l'achète. Le royaume des Cieux est encore semblable à un filet jeté dans la mer, qui prend toutes sortes de poissons. Lorsqu'il est plein les pêcheurs le tirent sur le rivage où, s'étant assis, ils mettent ensemble tous les bons dans des vases et ils jettent dehors les mauvais. Il en sera de même à la fin du monde ; les anges viendront et ils sépareront les méchants du milieu des justes, il les jetteront ensuite dans la fournaise du feu ; c'est là qu'il y aura des pleurs et des grincements de dents. Avez-vous bien compris tout ceci ? Oui, répondirent-ils. Jésus leur dit : Tout docteur instruit de ce qui regarde le royaume des Cieux, est semblable à un père de famille qui tire de son trésor des choses nouvelles et des choses anciennes.

Offertoire.

Ps. 115. J'offrirai mes vœux au Seigneur en présence de tout son peuple : la mort des saints du Seigneur est précieuse devant lui.

Secrète.

Nous vous en supplions, Seigneur, que l'Hostie que nous vous offrons pour célébrer les mérites de la bienheureuse Philomène, Vierge et Martyre, nous obtienne notre pardon et détourne le châtiment que nous méritons par nos péchés. P. N.

Communion.

Ps. 44. Le Seigneur est doux pour tous, et ses miséricordes s'étendent sur toutes les œuvres de ses mains.

Postcommunion.

Fortifiés par cette nourriture et ce breuvage célestes, nous vous supplions, Seigneur, et nous vous demandons qu'en suivant les traces de la bienheureuse Philomène Vierge et Martyre, nous sentions le secours de son intercession et arrivions à la vie éternelle. P. N.

✠

Office propre.
Pour la fête de sainte Philomène
Vierge et Martyre. le 10 Août.

Oraison.

Ô Dieu qui nous soutenez par les mérites et l'exemple de la bienheureuse Philomène Vierge et Martyre, accordez-nous dans votre bonté, qu'affermis dans la foi et la charité, nous ne soyons point séparés de vous par la tentation. Par P. J.-C. N. S.

✠

Au Ier Nocturne.

Ch. 3 du livre de la Sagesse.

Leçon 1re.

Les âmes des justes sont dans la main de Dieu et le tourment de la mort ne les touchera pas. Ils ont paru mourir aux yeux des insensés ; leur sortie du monde a passé pour un comble d'affliction, et leur séparation d'avec nous pour une entière ruine : mais cependant ils sont en paix. Et s'ils ont souffert des tourments devant les hommes, leur espérance est pleine d'immortalité. Leur affliction a été légère, et leur récompense sera grande, parce que Dieu les a tentés et il les a trouvés dignes de lui. Il les a éprouvés comme l'or dans la fournaise, il les a reçus comme une hostie d'holocauste et les regardera favorablement dans le temps.

R. *Venez.*

Leçon 2e.

Les justes brilleront, ils étincelleront comme des feux qui courent au travers des roseaux. Ils jugeront les nations et ils domineront les peuples et le Seigneur régnera éternellement. Ceux qui mettent leur confiance en lui auront l'intelligence de la vérité, étant fidèles dans son amour et demeureront attachés à lui, parce que le don de la paix est pour ses élus. Mais les méchants seront punis selon leurs pensées, car ils ont négligé la justice et ils se sont retirés d'avec le Seigneur. Parce que celui qui rejette la sagesse et l'instruction est malheureux : l'espérance de ces personnes est vaine, leurs travaux sont sans fruits et leurs œuvres sont inutiles.

R. *La grâce est répandue sur vos lèvres.*

Leçon 3e.

Ch. 5 du livre de la Sagesse.

Alors les justes s'élèveront avec une grande hardiesse contre ceux qui les auront accablés d'une grande affliction et qui leur auront ravi le fruit de leurs travaux. Les méchants à cette vue seront saisis de trouble et d'une horrible frayeur, ils s'étonneront de voir tout à coup, contre leur attente, les justes sauvés. Ils diront en eux-mêmes, étant touchés de regret et poussant des soupirs dans le serrement de leur cœur : Ce sont là ceux qui ont été autrefois l'objet de nos railleries et que nous donnions pour exemple de personnes dignes de toutes sortes d'opprobres. Insensés que nous étions, leur vie nous paraissait une folie et leur mort honteuse. Cependant les voilà élevés au rang de Dieu et leur partage est d'être avec les saints.

R. *Par votre beauté.*

Au 2e Nocturne.

Leçon 4e.

Parmi les différents sépulcres de Martyrs qui furent découverts dans les fouilles que l'on fit, suivant l'usage aux Catacombes de sainte Priscille, sur la voie Salaria, se trouve celui où fut déposé le corps de sainte Philomène, comme on le lisait sur l'inscription du tombeau gravée sur trois panneaux de terre cuite. Bien qu'on ait trouvé là une fiole de sang et qu'on y ait vu gravés d'autres symboles de son martyre, il est cependant à regretter que la vie de la Sainte, les actes et le genre de son martyre soient restés obscurs.

R. *C'est pourquoi.*

Leçon 5e.

Dès que le corps sacré de sainte Philomène, obtenu de la bienveillance de Pie VII, au commencement de son Pontificat, eut été offert à la vénération du peuple fidèle à Mugnano, au diocèse de Nole, la sainte Martyre fut aussitôt en grand renom, et son culte s'étendit d'une manière extraordinaire surtout à cause des miracles nombreux qu'elle faisait et dont on se communiquait partout le récit. En sorte que non seulement de saints prélats et des ecclésiastiques de grand nom, mais encore des rois des princes et d'autres fidèles illustres par leur piété et leur noblesse, sont venus de lointaines contrées vénérer son tombeau, la remercier de bienfaits reçus, comme l'attestent des vases d'or et d'argent, des rubis, des pierres précieuses, nombreux monuments de leur piété. De plus, pour édifier les fidèles et satisfaire sa dévotion envers cette Vierge et Martyre, le Pontife romain, le Pape Pie IX, a visité le tombeau de la sainte Martyre et célébré les saints Mystères sur son autel le 7 des Ides de novembre de l'année 1849. Son culte et sa dévotion s'étendent chaque jour davantage, non seulement a Mugnano, mais dans toute l'Europe ; les autres contrées de l'univers célèbrent de nombreuses fêtes en son honneur.

V. *Vous avez aimé.*

Leçon 6e.

Aussi touché des demandes de plusieurs prélats et de personnes dévouées au culte de la Martyre, le souverain Pontife Grégoire XVI a bien voulu, après en avoir mûrement pesé les raisons, permettre de célébrer sa fête avec office et messe dans le diocèse de Nole et ailleurs. Les habitants du royaume de Naples jouissant de la protection perpétuelle et efficace de Philomène, demandèrent, pour lui témoigner leur reconnaissance, qu'on lui décernât de nouveaux honneurs. Se rendant à leurs vœux, le Pape Pie IX, pendant son séjour à Naples, proclama Philomène patronne secondaire du royaume, et, en l'année 1854, assigna à sa fête un office particulier, sous le rite solennel.

R. *Des vierges seront amenées au Roi.*

Au 3e Nocturne.

Lecture du saint Evangile selon S. Matthieu. Ch. 13.

Leçon 7e.

En ce temps-là : Jésus dit à ses disciples cette parabole : le royaume des Cieux est semblable à un trésor caché dans un champ. Et le reste.

Homélie de saint Augustin, évêque.

On parvient à la couronne céleste, non seulement par la destruction mais encore par le mépris de la chair. Sans faire injure aux saints morts dans les persécutions, on peut dire que mortifier la chair, vaincre ses passions, résister à l'avarice, triompher du monde, c'est là une grande partie du martyre. Si, nous voulons, frères bien-aimés, partager le sort des Martyrs, songeons à les imiter. Ils doivent reconnaître en nous quelques-unes de leurs vertus pour qu'ils daignent intercéder pour nous près du Seigneur. Si nous ne pouvons supporter les tourments qu'ils ont endurés, luttons du moins contre nos mauvais penchants avec le secours, de leur intercession, et, si nos fautes journalières ne manquent pas, nous ne manquons pas non plus de remèdes journaliers,

V. *Celle-ci est une vierge.*

Leçon 8e.

Que personne ne croie goûter quelque bonheur et quelque joie véritable dans ce monde. On peut se préparer le bonheur ici-bas, mais on ne saurait le posséder. Il y a deux temps qui se succèdent à leur tour, le temps des larmes et le temps de la joie. Que personne ne se méprenne mes frères ; ce n'est pas en ce monde le temps de la joie. La joie véritable ne fut jamais, n'est pas, ne saurait être de ce monde. Le Seigneur lui-même en avertit ses disciples dans son Evangile, en disant : *« Vous serez opprimés dans ce monde, et ailleurs : Le monde se réjouira et vous serez dans la tristesse ; mais votre tristesse se changera en joie. »* Si dans cette vie nous faisons le bien dans la peine et la douleur, avec le secours de Dieu, nous pourrons dans la vie future recueillir avec joie le fruit de nos bonnes œuvres, selon cette parole : *« Ceux qui sèment dans les larmes moissonneront dans la joie. »*

R. *Au milieu.*

Leçon 9e.

Cependant réjouissons-nous dans l'espérance de posséder réellement plus tard cette vraie joie. Il en est beaucoup qui, intervertissant l'ordre croient se livrer au plaisir, aux délices, à la débauche de ce siècle, mais ce qu'ils paraissent semer dans la joie, ils devront le récolter dans le deuil et les larmes, car il ne ment pas Celui qui a dit dans l'Evangile : *« Malheur à vous qui riez maintenant parce que vous pleurerez et vous gémirez. »* Pour nous, très chers frères, implorons de tout notre pouvoir la miséricorde de Dieu afin qu'il daigne nous inspirer un tel amour de la vie éternelle que nous aimions plus la patrie que l'exil et que nous pensions plus au siècle futur qu'au présent.

Nous vous louons ô Dieu.

A benedictus.

Ant. Le Seigneur l'a gardée contre ses ennemis et protégée contre les séducteurs ; il l'a soumise à une lutte courageuse pour la rendre victorieuse.

✠

Décret.

De la Sacrée Congrégation des Rites.

En vertu duquel le Souverain Pontife

PIE IX

Approuve et concède.

L'Office propre de sainte Philomène.

Le seize des calendes de juillet 1852 (16 juin), Notre Très saint Père le Pape Pie IX remit de sa propre main à la Congrégation des saints Rites une supplique par laquelle le marquis de Pescara et Vasto, administrateur du sanctuaire de sainte Philomène Vierge et Martyre, dans la ville de Mugnano, diocèse de Nole, demandait un indult apostolique autorisant le clergé de cette ville à célébrer, le jour de la fête de la Sainte, un Office propre avec messe. Cet Office et cette messe composés selon les règles, furent présentés à Notre Saint Père, pour recevoir l'approbation requise, le trois des Nones de juillet de l'année suivante (6 juillet 1853), par le R. P. André Marie Frattini, promoteur de la Sainte Foi. Sur son rapport, Sa Sainteté a bien voulu approuver et concéder cet Office propre, toutefois après la revue ordinaire.

Cette revue fut faite, selon l'intention de Sa Sainteté, par l'Eminentissime et Révérendissime cardinal Constantin Patrizi évêque d'Albano, de concert avec le promoteur de la Sainte Foi nommé plus haut. L'Office propre avec la messe en l'honneur de sainte Philomène Vierge et Martyre, tel qu'il est marqué, dans l'exemplaire ci-dessus, est concédé, par le présent décret de la Congrégation des saints Rites, au clergé de la ville de Mugnano. Nonobstant toute décision contraire.

Le 11 janvier 1855.
Constantin, évêque d'Albano.
Card. Patrizi,
Préfet de S. Cong. des Rites.
A. Capalti, Secrétaire.

Cinquième partie

Du culte de Sainte Philomène en France.

Paris, paroisses de Saint-Gervais, Saint-Merry, Saint-Laurent.

Sainte Philomène et le curé d'Ars.

Chapitre 1

Culte de Sainte Philomène en France.

Paris.

Le culte de sainte Philomène est aussi en honneur à Paris,
principalement dans l'église paroissiale de Saint-Gervais,
où l'on célèbre chaque année une neuvaine solennelle.
C'est un grand honneur pour cette paroisse d'être ainsi le représentant
de la grande cité pour offrir ses hommages à l'illustre Sainte.
(De Montrond. Le Curé d'Ars et Ste Philomène).

Au milieu des ruines sociales amoncelées dans notre chère France par l'incrédulité moderne, il est doux, il est consolant de voir se répandre dans une ville où toutes les croyances subversives de l'impiété se donnent rendez-vous, le culte des saints et, notamment à l'église Saint-Gervais de Paris, celui de sainte Philomène. C'est en 1835 qu'il prit naissance sur cette paroisse pour devenir, à l'heure marquée par la miséricorde divine, un principe de régénération chrétienne.

En voici l'occasion. Deux époux gémissant de ne pas avoir d'enfants, s'adressèrent, pour obtenir cette douce bénédiction du Ciel, à l'angélique Sainte dont la naissance était venue récompenser la foi de ses parents, lui promettant de donner son nom au petit être dont ils sollicitaient la naissance si elle daignait seconder leurs ardents désirs.

L'année suivante leurs vœux furent enfin exaucés ; Dieu leur donna un fils qui reçût au baptême les noms de Marie-Joseph-Philomène. Comme témoignage de reconnaissance, ces pieux époux résolurent de propager le culte de l'auguste Thaumaturge. Ils prièrent M. le Curé de Saint-Gervais d'exposer dans son église un tableau de la Sainte qu'ils lui offraient. Cette demande, ayant été favorablement accueillie, le tableau fut d'abord placé dans la chapelle de Saint-Laurent où quelques fidèles vinrent invoquer la jeune Martyre.

Ce n'était pour ainsi dire qu'une faible semence, mais, tombée dans une bonne terre, elle ne tarda pas à se développer sous l'influence de la rosée divine.

Quelques mois s'étaient à peine écoulés, depuis le jour où l'image bénie de sainte Philomène avait été offerte à la vénération des paroissiens de Saint-Gervais, et déjà ses bienfaits lui avaient attiré des serviteurs si nombreux, que, pour répondre à la reconnaissance générale, M. l'abbé Rouvière, curé de Saint-Gervais, lui éleva un autel particulier.

Le 9 Août 1836, la veille de la fête de sainte Philomène, la première chapelle latérale de droite fut, par autorisation de Mgr de Quélen, bénite et consacrée à la Vierge Martyre avec toute la solennité possible, un fragment des reliques rapporté de Mugnano par Mademoiselle Jaricot, de Lyon, fut cédé à l'église par l'époux reconnaissant, qui déjà en avait offert une parcelle à Mgr de Quélen. Ce nouveau Sanctuaire s'enrichit successivement *d'ex-voto,* et de cœurs d'argent et de vermeil, témoignages de reconnaissance pour les grâces obtenues.

La foule des solliciteurs croissant avec la multitude des bienfaits, M. l'abbé Chenailles le vénérable successeur de M. Rouvière, établit une neuvaine annuelle préparatoire à la fête de la Sainte. Mais à cette époque, son culte avait déjà pris une telle extension qu'il fallut l'église entière pour contenir les fidèles qui venaient implorer le secours de la Vierge Martyre. Par les soins de M. l'abbé Borel, l'office du soir eut lieu désormais dans la nef principale de l'église, à peine suffisante pour recevoir les serviteurs de sainte Philomène accourus de tous les points de la capitale. Ces édifiantes reunions devinrent par la suite encore plus solennelles ; une procesion à la chapelle de la Sainte, pour vénérer les reliques, y fut ajoutée, et chaque jour, on recommandait aux prières de l'assistance les intentions des âmes pieuses qui sollicitaient des faveurs du Ciel, par la médiation de la Thaumaturge.

Depuis le siège de Paris, cette dévotion a pris, à Saint-Gervais, un nouveau développement ; c'est qu'en ce temps, plus que jamais, la Vierge de Mugnano a témoigné l'affection toute particulière qu'elle accorde à cette paroisse.

Tous les fidèles de la capitale faisaient monter vers le Ciel d'ardentes supplications pour le salut de la patrie. De tous côtés des prières publiques avaient lieu ; chaque paroisse invoquait ses protecteurs particuliers pour la cause commune. Les paroissiens de cette église, durant cette époque néfaste, redoublèrent d'ardeur à invoquer sainte Philomène ; la neuvaine annuelle se fit remarquer par une affluence plus considérable et par un saint empressement à venir prier pour la France malheureuse. Le jour de la clôture, M. le Curé annonça que les reliques demeureraient exposées dans la chapelle jusqu'à la cessation de la guerre.

Ces témoignages de confiance ne restèrent point sans résultats. Le jour de la bataille de Montretout, si meurtrière pour notre armée, douze gardes mobiles quittaient l'autel de sainte Philomène pour courir au champ de bataille ; ils avaient promis de communier tous à leur retour s'ils échappaient aux balles ennemies. *Tous* étant revenus sains et saufs ont tenu à honneur d'accomplir leurs promesses.

Affermis dans leur confiance par cette marque d'une protection signalée, les fidèles se pressèrent plus nombreux encore autour de l'autel de la Sainte et les cierges, signes de gratitude pour les bienfaits obtenus, signes d'espérance pour les faveurs sollicitées, brûlèrent sans interruption, devant son image et ses précieuses reliques alors placées dans la chapelle de la Très Sainte Vierge, celle de sainte Philomène étant occupée par les blessés.

En effet dans cette phase de la guerre, une partie de l'Église de Saint-Gervais avait été convertie en ambulance. C'était un touchant spectacle de voir de jeunes hommes, victimes de leur amour pour la patrie, exhaler leur dernier soupir entre une prière à sainte Philomène, qu'ils avaient appris à vénérer, et une suprême invocation au foyer maternel !

C'est principalement pendant les funestes journées de la Commune, que Saint-Gervais a été l'objet de la protection toute spéciale de la Thaumaturge. Par sa proximité de l'Hôtel-de-Ville, quartier général de l'émeute cette église devait être, ce semble, profanée avant les autres temples catholiques, incendiée avec les édifices publics qui l'avoisinaient. Eh bien ! C'est à peine si les obus ont effleuré son portail. Pourtant il en eût été de ce sanctuaire béni comme de beaucoup d'autres si sainte Philomène ne l'eût protégé. Déjà il était envahi par de nombreux fédérés qui s'apprêtaient à faire main basse sur tous les objets du culte, lorsque, évidemment amené par la main de Dieu, vient à passer un capitaine de la garde nationale qui fait évacuer le Temple et défend d'en souiller le seuil ! c'est qu'il faut le dire, les prières et les supplications les plus ferventes n'avaient pas cessé un seul instant d'être adressées à Dieu devant l'autel de la Sainte ; des lampes et de nombreux cierges brûlaient autour de sa châsse. Grâce à sa puissante protection, non seulement l'église fut préservée du pillage et de la profanation, mais la paroisse tout entière échappa à l'incendie et à la destruction qui l'environnaient de toutes parts.

La paroisse de Saint-Gervais et Protais n'est pas la seule qui ait élevé dans Paris un autel à la chaste Vierge de Mugnano. L' église Saint-

Méry a aussi le privilège de posséder une chapelle qui lui est dédiée. Les principales circonstances du glorieux martyre de la Sainte y sont retracées dans des fresques du peintre Amaury Duval. Mais le plus précieux ornement de ce petit sanctuaire est une relique de sainte Philomène, déposé dans une châsse dorée, sur un coussin de soie orné de perles.

La statue de cette aimable vierge a été placée, aussi, il y a quelques années, dans une des chapelles latérales de l'église Saint-Laurent. Les nombreux ex-voto qui ornent le piédestal, attestent que, là comme partout, elle s'est rendue célèbre par les faveurs dont elle comble ses *clients.*

Il existe, sur la paroisse de Saint-Eloi, une maison dirigée par les admirables sœurs de Saint-Vincent de Paul, que tout Paris connait. Je veux parler de la Providence Sainte-Marie, située rue de Reuilly. La dévotion de sainte Philomène est en grand honneur dans ce pieux établissement.

La statue de la Vierge Martyre se retrouve aussi dans l'église de la Salpétrière. Chaque jour, plusieurs des pauvres femmes qui l'habitent forcément viennent s'agenouiller devant elle ; il est touchant de les voir sacrifier leurs petites économies, pour faire brûler un cierge devant la sainte image.

Une association dite Œuvre de sainte Philomène, érigée en archiconfrérie par Sa Sainteté Léon XIII, a depuis quelques années établi son centre dans la chapelle des frères de Saint-Vincent de Paul, rue de Dantzig n°1. Cette chapelle se compose de trois sanctuaires contigus mais indépendants. L'un est celui de la communauté, l'autre est dédié à N.-D. de la Salette, et le troisième à sainte Philomène ; sa statue repose sous l'autel dont le devant, formé d'une claire-voie, permet de l'apercevoir.

Un beau reliquaire ciselé contient un fragment notable des ossements de la Vierge Martyre. L'association du Cordon de Sainte Philomène fait aussi partie de l'œuvre et jouit ainsi qu'elle de précieuses indulgences.

Chapitre 2

Sainte Philomène et le Curé d'Ars.

Les siècles ont passé... mon tombeau glorieux,
Mon culte doux et pur, au loin sous d'autres cieux,
Sur les bords enchanteurs de la féconde Saône,
Près des flots azurés que promène le Rhône
Illustré par un saint, pasteur dans un hameau,
S'agrandit chaque jour, prend un essor nouveau.
Mademoiselle de Lestal, Martyre de sainte Philomène. (Drame religieux.)

Il existe, entre les âmes saintes, une sorte de sympathie surnaturelle, une attraction mystérieuse et spirituelle, qui fait qu'elles se connaissent et se recherchent comme instinctivement. C'est ainsi qu'entre mademoiselle Jaricot et le vénérable Curé d'Ars s'étaient établis des rapports de pieuse amitié et de zèle apostolique. La *miraculée* de Lyon n'avait pas tardé à donner au saint prêtre Vianney des reliques de sainte Philomène. On rapporte qu'en lui confiant ce dépôt, elle avait dit ces paroles prophétiques : « *Ayez une grande confiance dans cette Sainte : elle vous obtiendra tout ce que vous lui demanderez.* »

A peine le zélé Curé fut-il en possession de ces ossements sacrés, qu'il érigea dans son église une chapelle à sainte Philomène, où il disait souvent la messe et qui, pendant trente ans, fut comme une piscine probatique. Une lampe brûlait constamment devant l'autel où reposaient ses précieuses reliques, et le saint homme puisait de l'huile de cette lampe pour guérir les infirmes absents. Il distribuait aussi une quantité innombrable de médailles, à l'effigie de sainte Philomène, aux moyens desquelles Dieu opérait beaucoup de guérisons. Que de prières il fit et fit dire, que de neuvaines il fit et fit faire pour implorer le secours de la Thaumaturge ! Dans ses exhortations, il ne tarissait pas d'éloges sur la grande Sainte, et il engageait tout le monde à recourir à sa puissante intercession. « *Mes enfants,* disait-il souvent, *sainte Philomène a un grand crédit auprès de Dieu, et, de plus, elle a un bon cœur : allons à elle avec confiance. Sa générosité a été si héroïque en embrassant son glorieux martyre, elle est si agréable à Dieu, à cause de sa virginité, qu'il ne lui refusera jamais rien de ce qu'elle lui demandera pour nous »*. Il lui consacra sa paroisse avec tous ses besoins, et, par un vœu spécial, il se consacra lui-même avec tous ses travaux au culte de cette puissante Vierge Martyre.

Bientôt le plus touchant accord s'établit entre sainte Philomène et son pieux serviteur. « *Le Saint de la terre,* dit son historien [12], *vivait avec la Sainte du Ciel dans un commerce doux et familier ; une union étroite les liait l'un à l'autre et l'on eût dit que, bien que séparés selon le temps par un intervalle de quinze siècles, ils étaient de la même époque »*. Ces célestes rapports, cette suave amitié est un des plus ravissants tableaux que présentent les harmonies chrétiennes et qu'on découvre de loin en loin dans l'histoire des grands serviteurs de Dieu. *« Dans ces dernières années,* on le sait par des confidences réitérées, *cette union était tellement intime qu'il n'y avait plus entre eux une relation à distance mais un commerce immédiat et direct : la Sainte apparaissait à son pieux serviteur et lui disait des choses qui firent sa consolation jusqu'au terme de sa vie »*.

Il l'appelait communément « *sa chère petite Sainte* » ; il l'appelait *encore « son conseil au Ciel, son chargé d'affaires »*. Ces qualifications étaient bien légitimes : car sainte Philomène s'était constituée en une sorte de dépendance de ses désirs et de ses volontés. A la fin il ne demandait pas, il commandait, et elle obéissait. *« Sainte Philomène,* disait-on, *obéit au Curé d'Ars ! Elle peut bien lui obéir,* répondait le Curé, *puisque Dieu lui obéit dans la sainte Messe »*.

Elle accordait tout à ses prières. C'est sur le compte de sa chère petite Sainte qu'il n'a cessé de mettre toutes les faveurs et tous les prodiges qui ont contribué à la célébrité du pèlerinage d'Ars. De nombreuses guérisons opérées coup sur coup devant les reliques de sainte Philomène y amenèrent beaucoup de monde.

---

[12] Le curé d'Ars, par l'abbé Monnin.

Un jour, le saint Curé disait dans son catéchisme : « *Mes enfants sainte Philomène nous aime beaucoup ; cette semaine, il s'est opéré quatorze miracles par l'intercession de cette grande Sainte !* »

La guérison miraculeuse du Curé d'Ars lui-même doit passer au premier rang dans le récit de ces prodiges rapportés par l'abbé Alfred Monnin dans sa belle vie de M. Vianney [13].

On était au premier jour de mai de 1843. La foule à Ars était plus grande qu'on ne l'avait encore vue. Seul et sans auxiliaire, le saint Curé succombait sous le poids de cet écrasant concours. Il avait coutume de monter en chaire, chaque soir du mois de Marie et d'adresser la parole aux fidèles rassemblés. Le troisième jour, il se trouva si mal au milieu de son exhortation, qu'il fut forcé de l'interrompre. Il essaya d'une lecture et ne put l'achever ; il commença la prière, la voix et la force lui manquèrent tout à fait. Il descendit de chaire à grand'peine et se mit au lit. Comme il arrive après des efforts excessifs, le premier instant de repos fut celui d'un perfide abattement : presqu'aussitôt les symptômes les plus graves se manifestèrent.

« *Notre saint Curé est malade,* écrivai-t-on d'Ars le 6 mai, *malade à nous faire penser que sa couronne est prête et que les Cieux vont s'ouvrir pour lui.* » Les joies du Ciel sont souvent les douleurs de la terre. Aussi, je ne puis vous peindre la consternation et les larmes de toute la paroisse. Il est au lit depuis trois jours. Il m'a permis d'approcher de ce grabat de souffrance et de gloire. J'y ai vu un saint sur la croix, avec tout le calme des Cieux peint sur sa figure souffrante. Il m'a dit qu'il allait commencer sa préparation à la mort. Le docteur Marion de Trévoux, juge la maladie extrêmement grave. Toute la paroisse est en larmes et en prières. Ces prières seront-elles exaucées ? Le malade a parlé à beaucoup de monde de son *départ.* Chacun se rappelle des phrases auxquelles on attache maintenant un sens douloureusement prophétique.

---

[13] Approuvée par Mgr de Belley.

On ne peut se faire une idée du spectacle attendrissant et religieux qui se renouvelait sans cesse depuis la maladie du saint homme : les larmes, les sanglots, la prière, cette église qui semblait déserte sans lui, et qui cependant se remplissait sans interruption d'une foule éplorée qui suppliait du *cœur*, de la *pensée*, enfin par tous les actes d'une confiance naïve et d'une touchante piété... Des cierges brûlaient à tous les autels, les chapelets étaient à toutes les mains. Les premiers jours, on fut obligé de mettre des gardes à la porte de la cure, pour retenir une foule indiscrètement empressée qui demandait à voir encore son bon Curé, à recevoir de lui une dernière bénédiction. On ne put calmer cette entreprenante ferveur, qu'en avertissant du moment où le Saint, se relevant sur son lit de douleur, donnerait une bénédiction générale.

Du fond de sa petite paroisse, monsieur l'abbé Renard, ami du saint prêtre, eût bientôt appris cette triste nouvelle. Un exprès vint à minuit lui remettre une lettre dans laquelle on lui mandait que le saint Curé était dangereusement malade, et qu'il désirait le voir. Il se leva et partit sur l'heure même. A son arrivée à Ars, il eut le bonheur d'embrasser le cher malade, qu'il trouva dans un tel état de faiblesse que sa mort lui parut imminente. « *Vous voulez donc nous quitter, monsieur le Curé,* lui dit-il avec émotion. » « *Je vous laisserai mon corps, et mon âme ira là-haut,* lui répondit l'agonisant en lui montrant le Ciel de sa main défaillante ». Il y avait dans l'expression de sa figure et de son geste, dans son regard élevé vers le Ciel, quelque chose de sublime qui ne saurait se rendre mais qui saisit si profondément l'abbé Renard, qu'il n'eut pas la force d'ajouter un seul mot ; il sentait que sa gorge se serrait tandis que son cœur et ses yeux se remplissaient de larmes.

Partout dans le village régnait un morne silence. La consternation était sur tous les visages ; on eût dit qu'il y avait un mort dans chaque maison. Les pèlerins erraient sur la place publique et autour de l'église comme un troupeau sans gardien, les regards tournés vers le presbytère, pour étudier le moindre incident et recueillir les moindres détails. Aussitôt que les gardes malades paraissaient, on se groupait autour d'eux : « *Comment va le saint Curé ? Comment va le bon père ?* » Ils étaient là deux ou trois cents qui n'avaient pas fini leurs confessions commencées auprès de monsieur Vianney. Sur la réponse qu'il n'allait pas mieux ils remplissaient l'église et redoublaient de supplications et de larmes, tâchant de faire violence au Ciel et d'obtenir du Seigneur, par l'intercession de sainte Philomène, le rétablissement d'une santé si chère.

Dès le cinquième jour de la maladie, une consultation avait eu lieu. Reconnaissant dans les symptômes antérieurs et actuels de la maladie, l'existence d'une pleuro-pneumonie à la base du poumon droit, en avant et en arrière, trois docteurs des plus accrédités du pays furent d'avis d'agir par de puissants réactifs, et comme la violence et la continuité de la fièvre faisaient craindre en outre que le délire ne survint, ils défendirent sous peine d'accidents graves, de faire parler le malade, et enjoignirent aux personnes qui lui donnaient des soins d'écarter de lui tout sujet d'émotion. En effet, le vénérable Curé éprouvait à chaque instant des faiblesses, des syncopes, des évanouissements. Il avait une si grande irritabilité nerveuse et la fibre si douloureusement impressionnable, que l'instituteur de la commune, son garde-malade ordinaire, était obligé de se tenir caché derrière les rideaux du lit pour éviter de fatiguer sa vue et de réagir sur son cerveau.

En face des éventualités redoutables que les prescriptions des médecins et leurs diagnostics faisaient pressentir, le confesseur de monsieur Vianney crut devoir presser l'administration des derniers sacrements, avant l'emploi d'un remède qui pouvait provoquer des vomissements... En ce même moment, sept ecclésiastiques se trouvaient réunis pour donner une véritable solennité à cette cérémonie si solennelle par elle-même. Ces messieurs convinrent qu'ils y assisteraient seuls, et qu'on ne sonnerait pas les cloches pour ne pas augmenter le trouble et la désolation des habitants.

Le saint malade entendit cette conversation de son lit, et, se retournant vivement vers la personne qui était à ses côtés : « *Allez faire sonner*, dit-il, *ne faut-il pas que les paroissiens prient pour leur curé... ?* »

Mais les cloches n'avaient pas achevé leurs longs et tristes tintements que déjà tout le village était sur pied. Ces sortes de nouvelles ont des ailes rapides. Elles courent avec l'air, elles glissent avec la lumière ; elles arrivent partout sans qu'on voie leur passage électrique.

Tous auraient bien voulu accompagner le saint Viatique jusque dans la chambre du malade... mais cette faveur ne put être accordée qu'à un très petit nombre de privilégiés. La foule resta agenouillée le long de l'escalier, dans la cour et jusque sur la place, priant et répandant des larmes...

Le lendemain de cette grave et imposante cérémonie, le curé de Fareins célébrait la messe à l'autel de sainte Philomène. Dans le moment même, le malade, que la fièvre n'avait pas quitté, s'endormit pour la première fois d'un paisible sommeil. « *Je ne sais ce qui se passa,* dit sa fidèle servante, *mais depuis lors, il a été de mieux en mieux jusqu'à son complet rétablissement* ». La voix de tout le village moins discrète que Catherine, prétendit savoir ce qui s'était passé... L'opinion générale fut que sainte Philomène lui était apparue, et que dans ce colloque mystérieux ils s'étaient dit des choses qui ont fait, jusqu'au terme de sa longue vie, la consolation du saint prêtre.

Voici sur ce sujet le témoignage de l'instituteur qui, jour et nuit, se tenait à son chevet :

Notre saint Curé, se voyant réduit à la dernière extrémité, demanda une messe en l'honneur de sainte Philomène, à laquelle il s'était consacré par un vœu spécial. On fit appeler un prêtre voisin pour dire cette messe, et tout ce qu'il y avait à Ars d'étrangers et d'habitants y assistèrent. Avant que le saint sacrifice commençât, monsieur le Curé me parut être dans l'attitude d'une personne qui s'effraye. Je remarquai en lui quelque chose d'extraordinaire, une grande anxiété un trouble inaccoutumé. J'observai tous ses mouvements avec un redoublement d'attention ; je crus que l'heure fatale était arrivée et qu'il allait rendre le dernier soupir. Mais, dès que le prêtre fut à l'autel, il se trouva tout à coup plus tranquille. Il me fit l'effet d'un homme qui voit quelque chose d'agréable et de rassurant. La messe était à peine finie, qu'il s'écria : « *Mon ami il vient de s'opérer en moi un grand changement... Je suis guéri !* » Ma joie fut grande à ces paroles. Je restai convaincu que M. Vianney venait d'avoir une vision car je l'avais entendu murmurer plusieurs fois le nom de sa douce protectrice, ce qui me porta à croire que sainte Philomène lui était apparue ; mais je n'osai pas l'interroger.

A partir de ce moment, le Curé d'Ars entra en convalescence. Toutes ses forces revinrent rapidement ou, comme le disait le saint homme, miraculeusement.

La guérison du vénérable Curé d'Ars fut suivie de beaucoup d'autres. Citons d'abord deux de celles que raconte madame Raymond-Corsevay de Châlons-sur-Saône et dont elle fut tour à tour l'heureux objet et le consciencieux témoin.

« La première fois que je vis le Curé d'Arc, c'était au mois de mai 1843, époque à laquelle ce bon père fut atteint d'une maladie qu'on crut mortelle. On me permit d'entrer dans sa chambre, il fit en me voyant un geste de la main pour me bénir. J'étais très souffrante d'une affection chronique au larynx et aux bronches, abandondée de tous les médecins, un squelette vivant. Cette bénédiction me guérit à moitié.

A deux jours de là, j'assistais à la messe de trois heures du matin, par laquelle M. le Curé célébrait sa propre guérison, et rendait grâces à sainte Philomène. Il vint trois fois à l'église, je le consultai sur mon état ; il me dit : « Mon enfant, les remèdes de la terre vous sont inutiles. On vous en a déjà beaucoup trop administrés. Mais le bon Dieu veut vous guérir... Adressez-vous à sainte Philomène ; déposez votre ardoise sur son autel. Faites-lui violence, dites-lui que, si elle ne veut pas, vous rendre votre voix, elle vous donne la sienne. »

Je suivis ce conseil. Je cours me jeter aux pieds de la chère petite Sainte ; je m'unis de tout mon cœur au Curé d'Ars. L'effet fut instantané, il y avait deux ans que je ne parlais plus, six ans que je souffrais cruellement. En rentrant chez madame Favier, où j'étais logée, je lus à haute voix quelques pages sur la confiance en la Sainte Vierge... j'étais guérie !

Lorsque je revis M. Vianney, il me dit : « *Mon enfant n'oubliez pas l'action de grâces, et soyez ici le jour de la fête de sainte Philomène* ». Je n'eus garde de manquer à ce délicieux rendez-vous. Le 10 août, j'étais derrière le bon Saint pendant la messe, je chantai, à l'élévation d'une voix forte et soutenue, et lorsque l'office fut terminé, M. Vianney me félicita de ce que *la chère petite Sainte* avait achevé ma guérison, me rendant la faculté de chanter, aussi bien que celle de parler. Quant à cette dernière, vous savez, mon Père avec quelle prodigalité j'en use ! Toutefois l'abus n'à jamais ramené ces douleurs si vives, si continuelles, que j'éprouvais avant ma guérison.

J'ai une parente, continue madame Raymond, qui, à la suite d'une grande commotion a eu pendant trois ans, la tête complètement perdue. Les remèdes, les soins, les distractions, lui furent inutilement prodigués. Sa pauvre mère, ne sachant plus quel parti prendre, me l'amena. Elle était désespérée. Je l'adressai à notre bien-aimé Saint. "*Ma bonne dame,* lui dit-il, *faites une neuvaine à sainte Philomène. Je prierai avec vous, vous verrez que tout ira bien.*" Tout alla bien, en effet, et le dernier jour de la neuvaine, il n y avait plus, chez ma jeune parente, trace de la maladie. Aujourd'hui elle est mère de cinq enfants, à la tête d'un commerce très important, qu'elle dirige avec une rare intelligence. Jamais on n'a remarqué depuis, dans ses facultés le moindre affaiblissement ».

Une jeune veuve du Puy en Velay, était venue à l'hôpital de Lyon demander sa guérison à la science des médecins.

Depuis six mois elle souffrait cruellement d'une tumeur au genou et ne marchait qu'avec des anilles. N'obtenant rien des remèdes et des soins prodigués par les Sœurs de l'hospice, elle arriva à Ars. Pendant quinze jours, elle prie, elle se recommande à M. le Curé, à sainte Philomène, à Notre-Seigneur, avec qui elle s'était mise en grâce par le bienfait de l'absolution et de la communion. Enfin, elle s'en alla guérie ayant déposé ses bâtons sur l'autel.

Au mois de février 1857, une femme du peuple était venue à Ars, portant à son cou un enfant de huit ans qui ne marchait pas. Pendant vingt-quatre heures, cette femme s'attacha avec l'opiniâtreté du désespoir à tous les pas de M. le Curé, faisant sentinelle aux abords de son confessionnal, se précipitant à sa rencontre dès qu'il apparaissait, et lui montrant son enfant avec un geste et un regard si expressifs dans leur suppliante énergie, qu'on en était ému jusqu au fond des entrailles. Rien d'aussi misérable et d'aussi touchant que ce groupe, et les bons prêtres qui entouraient le Curé n'avaient pas le courage de faire comme les Apôtres, qui s'indignaient des cris de la Chananéenne et auraient voulu que le Maître la renvoyât.

M. Vianney avait souvent béni cet enfant, et il avait adressé à la mère des paroles de consolation et d'espérance. Après qu'ils furent rentrés tous les deux dans le gîte qu'ils avaient choisi pour la nuit : « *Mère,* dit l'enfant, *vous m'achèterez des sabots, parce que M. le Curé m'a promis que je marcherais demain* ». Soit que vraiment le saint Curé eût fait cette promesse au petit malheureux, soit que celui-ci l'ait conclu dans sa naïve confiance, des paroles et des regards d'encouragement qu'il avait reçus, quoi qu'il en soit les sabots furent achetés d'après le conseil des habitants chez qui ce couple infortuné logeait.

Or, le lendemain, à la stupéfaction générale, l'enfant qu'on avait vu porté si péniblement sur les bras de sa mère, courait dans l'église comme un lièvre, disant à qui voulait l'entendre : « *Je suis guéri ! Je suis guéri !* » La pauvre mère cachait dans l'ombre d'une chapelle sa joie, son trouble et ses alarmes. Les missionnaires la virent, l'interrogèrent, ils voulurent même la présenter au saint Curé, au moment où il se préparait à dire la messe. Cette femme avait besoin de le voir, de lui parler, de se jeter à ses pieds... sa reconnaissance l'étouffait. M. Vianey accueillit leur demande avec un silence froid et presque sévère qui ne permit pas d'insister. Après la messe les compatissants intercesseurs firent une nouvelle tentative : « *M. le Curé,* lui dirent-ils, *cette femme vous prie de remercier sainte Philomène* ». Il se retourna et bénit silencieusement la mère et l'enfant. Puis de l'air le plus désappointé et sur le ton du mécontentement le plus sincère : « *Sainte Philomène,* dit-il, *aurait bien pu guérir ce petit chez lui* ».

Dans l'été de 1858, il y eut une guérison soudaine dont furent témoins tous les pèlerins et tous les habitants d'Ars. C'était un jeune homme du Puy-de-Dôme qui ne marchait qu'avec peine, à l'aide de béquilles. Il se présenta au serviteur de Dieu en disant : « *Mon Père, croyez-vous que je puisse laisser ici mes béquilles ? Hé ! là, mon ami, vous en avez bien besoin* », répondit le saint Curé. Le pauvre infirme ne se rebuta point. Chaque fois qu'il en avait l'occasion, il renouvelait sa demande. Enfin, le jour de l'Assomption, l'heure où la foule s'assemblait pour l'execice du soir, il saisit encore M. Vianney au passage de la sacristie à la chaire et lui fit son éternelle question : « *Mon Père faut-il quitter mes béquilles ? Eh bien ! oui, oui, mon ami,* lui fut-il répondu, *oui, si vous avez la foi...* » A l'instant, le jeune homme se mit à marcher, au grand étonnement de tout le monde ; il alla déposer ses béquilles au pied de l'autel *de sainte Philomène,* et *désormais* n'en eu besoin. Par reconnaissance, il a fait depuis profession à Belley, dans l'Institut des frères de la Sainte Famille.

Le 28 du même mois, une paralytique vint à Ars. L'infortunée était de Cette ; elle ne pouvait faire aucun mouvement ; ses articulations étaient horriblement nouées et gonflées. Après avoir vu M. le Curé, elle assista à la messe, dans la chapelle de la Sainte Vierge ; elle s'approcha de la sainte Table, se traînant péniblement sur ses potences. Mais à peine eut-elle reçu Notre Seigneur qu'elle se trouva guérie. Il y eût dans l'église un mouvement d'admiration si peu contenu, que M. Vianney fut forcé de remonter à l'autel, et n'acheva de donner la communion qu'après la messe.

Le vénérable prêtre était sérieusement effrayé du nombre de prodiges que sa chère petite Sainte opérait autour de lui. A la fin, il allait jusqu'à lui en faire un pieux reproche : « *Occupez-vous un peu moins des corps,* lui disait-il, *et guérissez plutôt les âmes* ». Depuis quelque temps, il la priait aussi de ne pas concentrer le théâtre de ses guérisons sur le territoire privilégié d'Ars, mais « *d'aller faire des miracles ailleurs* ».

Le pieux serviteur de sainte Philomène fut en partie exaucé. Tout en se réservant le sanctuaire d'Ars, comme étant en France le centre le plus glorieux de sa puissance, la Thaumaturge devait aussi manifester dans toutes les différentes provinces qui la composent combien cette contrée lui était chère, par les grâces sans nombre dont le Seigneur la rendit l'insigne dispensatrice.

Cinquième partie

(suite)

Du culte de Sainte Philomène en France (suite). En général. Dans le diocèse de Blois. Dans le diocèse de Chartres. Dans le diocèse de Coutances.

Chapitre 3

Du culte de Sainte Philomène en général.

Quand tous les auteurs, même les plus savants, composeraient son éloge, jamais ne pourront redire les mérites et les prodiges de sainte Philomène. La France, plus que toute autre contrée, est devenue le théâtre de ses merveilles ineffables. J. D.

En rapportant l'origine du sanctuaire que fit élever à Lyon, en l'honneur de sainte Philomène, mademoiselle Jaricot après sa miraculeuse guérison, en parlant de la consécration d'une chapelle dédiée à la grande Thaumaturge dans l'église St-Gervais de Paris, et de la diffusion de son culte dans d'autres paroisses de la capitale. En donnant un aperçu des merveilles opérées à Ars par son intercession, nous avons déjà fait voir par quels bienfaits elle savait reconnaître les hommages qu'on lui rendait dans notre chère patrie, mais son culte béni a pris dans toutes nos provinces une telle extension, que nous devons à la piété de nos lecteurs de leur en donner une vue d'ensemble, nous arrêtant cependant çà et là pour cueillir, dans ce champ si vaste et si fertile, quelques beaux épis que nous présenterons à sainte Philomène au nom de tous ses dévots serviteurs. Commençons par Lyon, cette grande cité si dévouée à la Sainte. Le joli sanctuaire élevé par mademoiselle Jaricot n'est pas le seul consacré à l'honorer. L'église paroissiale de Saint-Bernard et celle de Saint-Nizier, ont une chapelle qui lui est dédiée. Elle sera représentée comme Vierge Martyre dans l'une des trois verrières centrales de la magnifique église supérieure de Fourvières.

Neuvelle, diocèse de Troyes, est un des lieux de pèlerinage à sainte Philomène en France qui remonte à la date la plus ancienne (1833).

Le diocèse de Langres en compte plusieurs. Celui de Thivet est le plus important. Son zélé pasteur, l'abbé Victor Ferrand, l'établit à la suite d'un pèlerinage fait à Ars sur la tombe du vénérable Curé pour obtenir la guérison d'un jeune étudiant que la science médicale était impuissante à soulager.

Ce saint prêtre, tout en priant, se sentait inspiré de promettre à sainte Philomène de lui élever un autel dans sa paroisse, s'il obtenait la fin des maux de son protégé. Le curé hésitait, *les pourquoi et les comment* s'emparaient de son esprit, l'argent manquait, et une *relique*... où se la procurer ? néanmoins l'inspiration devenant de plus en plus forte, il fit cette promesse dont la réalisation lui paraissait impossible. Sainte Philomène n'en demandait pas davantage pour céder aux désirs ardents du solliciteur. Le jeune homme fut complètement gueri. Mademoiselle Jaricot fournit la précieuse relique. L'autorisation épiscopale vint sanctionner la promesse faite par le pasteur de Thivet ; les grâces s'y multiplièrent d'une manière saisissante, et cette heureuse localité put être placée au nombre des pèlerinages les plus en renom dans la contrée. Une simple association en l'honneur de Sainte Philomène a fini par devenir une archiconfrérie qui s'étend au delà des limites étroites de cette bourgade, et compte des membres non seulement en France mais encore au Thibet et jusque dans la Chine.

Saint-Omer ainsi que *Crépy* (diocèse d'Arras) méritent aussi une mention spéciale.

Le village de *Sempigny,* diocèse de Beauvais, a droit également d'être placé parmi les centres les plus fréquentés par les dévots serviteurs de sainte Philomène.

La ville de *Dunkerque* possède, depuis 1842, une chapelle à sainte Philomène et son culte y a pris une grande importance par suite d'une quantité de guérisons obtenues.

Une sainte et noble femme, mademoiselle d'Halewyn a fondé à Liettres, encore au diocèse d'Arras, un pèlerinage très fréquenté ; la Thaumaturge y a donné de son côté bien des preuves de sa tutélaire protection. Aussi ce village est-il connu dans le pays sous le nom de paroisse de sainte Philomène. Ce culte béni s'est rapidement répandu dans le diocèse de Cambrai. L'église de la Madeleine, à Lille, possède une chapelle qui lui est dédiée ; à l'occasion de l'érection de ce Sanctuaire, plusieurs guérisons eurent lieu, entr'autres celle d'une paralytique qui put suivre, en glorifiant Dieu, la procession des reliques de la Sainte.

En 1835, cette dévotion fécondée par la rosée céleste s'établit à Tours dans la chapelle des sœurs de saint Vincent de Paul, et l'année suivante dans l'église cathédrale, par les soins de Mgr de Montblanc, qui fit faire une neuvaine préparatoire à la fête du 10 août par un de ses vicaires généraux.

La catholique Bretagne a droit aussi à une mention. Une guérison subite obtenue à Saint-Brieuc vint y rendre doublement cher le culte de la chère Sainte.

A Nantes, les Visitandines ont voué à sainte Philomène une si grande dévotion qu'elles tiennent à honneur d'avoir toujours, dans leur couvent une religieuse qui porte ce nom.

En l'année 1847, au mois de juillet, une jeune novice de Conflans s'étant à plusieurs reprises contusionné la tête, il s'en était suivi une lésion et bientôt un abcès au cerveau. Au mois de septembre la maladie fut reconnue mortelle. En présence des effroyables douleurs de la malade, que trois personnes pouvaient à peine retenir sur son lit, les docteurs Maisonneuve et Cruveilhier ne virent plus d'autre remède que la cruelle et douloureuse opération du trépan. Les novices, espérant peu du côté de la terre, commencèrent une neuvaine à *sainte Philomène*, une des Patronnes de Conflans, les religieuses du Sacré-Cœur ayant voué à la Vierge Martyre la plus tendre dévotion.

C'est au milieu de cette crise que, le vendredi 11 septembre, la Mère générale arriva à Paris. Elle se rendit aussitôt auprès de sa chère novice et, s'approchant de son lit, elle lui fit une croix sur le front. Son angoisse était visible, la tête de la malade qui était en feu reposait sur sa main. A ce contact béni, madame Monestrol se sentit guérie et put se confesser d'un esprit très libre ; madame Barat vient la voir de nouveau avant la Communion : « *Voici deux voies, ma fille,* lui dit-elle solennellement : *le ciel ou la terre choisissez ! Je ne connais pas d'autre voie,* répondit la novice, *que celle de la volonté de Dieu* ».

A ces mots, madame Barat fut inspirée de lui dire : « *l'Amérique ou le Ciel ! Eh bien ! ma mère, l'Amérique ! ce sera le chemin qui me conduira au Ciel* ». On lui appliqua les reliques de *sainte Philomène*. Elle prononça ses vœux et reçut Notre-Seigneur.

Quand elle eût communié, la paralysie du côté gauche cessa, la malade put joindre les mains, toutes ses douleurs disparurent, les yeux naguère sans lumière distinguèrent la campagne que l'on voyait de sa fenêtre, la tête était rafraîchie le front seul conservait une pesanteur semblable à celle que l'on éprouve à la suite d'une forte migraine. Bientôt la novice s'endormit. Après une nuit remplie par un sommeil tranquille, elle se réveilla délivrée de tous ses maux. Le docteur Maisonneuve, étant venu dès le matin la voir, n'en pouvait croire ses yeux : « *Madame, c'est un miracle,* repétait-il à la Mère générale d'une voix très agitée, *je suis heureux de constater un fait semblable. Ce sont de ces impressions qui ne s'effacent jamais* ». Le docteur Cruveilhier exprima le même sentiment : « *Ce n'est plus la même personne qu'hier,* s'écria-t-il, *remercions Dieu ensemble* ».

Le même jour, la Révérende Mère, avant de repartir pour Paris, vint faire ses adieux à sa chère *ressuscitée.* Elle ne manqua pas d'en rapporter tout l'honneur à Dieu seul, mais les témoins de ce fait et toute la Société du Sacré-Cœur ne séparèrent pas, dans leur reconnaissance, les noms de Jésus-Christ, de sainte Philomène et de la mère Barat. [14]

On peut se figurer quel heureux retentissement eut ce prodige, qui valut à l'Amérique une *femme apôtre de plus.*

---

[14] Histoire de Madame Barat, par Mgr Baunard.

Chapitre 4

Culte de Sainte Philomène dans le diocèse de Blois.

M. L'abbé Chevallier, grand vicaire de Blois, si connu par sa piété et son éloquente parole, a bien voulu nous communiquer sur le culte de sainte Philomène dans ce diocèse, les intéressants détails dont voici le fidèle résumé.

Pendant les vacances du collège Romain où il finissait ses cours de théologie, M. l'abbé Chevallier fit un pèlerinage à Mugnano ; il en emporta une précieuse relique, promettant à sainte Philomène de la faire vénérer chaque année, s'il avait le bonheur d'être prêtre. De retour en France, après avoir été ordonné à Saint-Jean de Latran, il ne put tenir sa promesse par lui-même n'ayant jamais été curé ; mais sur sa demande il donna au curé-doyen de sa ville natale (Saint-Aignan sur Cher) [15], une portion notable de sa relique ; il l'exposa dans une des trois chapelles absidiales de la magnifique église romane, chapelle placée sous le vocable de sainte Philomène, et siège d'une Congrégation de jeunes filles.

A Romorantin, chef-lieu de la Sologne, il y a également une Congrégation et une chapelle à l'église placée aussi son vocable.

A Fréteval, sur la lisière du Vendômois et du Perche, il y a un pèlerinage fréquenté.

Quand, en 1887, l'autorité ecclésiastique composa un nouveau propre pour le diocèse de Blois, la chère Sainte y fut admise ; et sa fête, pour ce nouveau propre diocésain, se célèbre le 11 août.

Poitiers ne saurait être passé sous silence. C'est dans cette ville, que par les soins d'un digne Prêtre de ce diocèse, M. l'abbé Gaillard, la

---

[15] L'ancien titre du Duché-Pairie de saint-Aignan, dont le duc de Beauvilliers, l'ami de Fénelon, était titulaire.

famille de la Vierge Martyre s'est accrue d'une Congrégation religieuse dont les membres portent le titre des *Sœurs de sainte Philomène.* D'un caractère mixte, cette Congrégation dont la maison-mère est à Poitiers, comptait en 1887 environ 50 maisons tant hospitalières qu'enseignantes ; le grand cardinal Pie les estimait beaucoup... *«Venez»*, leur disait-il dans une de ses visites pastorales, « *mes chères Sœurs et vous mes chères enfants, imitez la vie de sainte Philomène pour obtenir un jour sa vie de félicité et de gloire dans le Ciel* » [16].

Nous ne pouvons indiquer toutes les villes du centre et de l'ouest de la France où est répandu son culte béni, cette énumération nous mènerait trop loin.

Passons donc rapidement à travers ces différentes localités où il nous serait doux de nous arrêter, pour arriver dans le midi. Arrêtons-nous d'abord à Auch où la dévotion de la Sainte fut répandue à la suite de la guérison d'une religieuse Ursuline à toute extrémité, qui revint à la vie par suite de prières adressées à sainte Philomène ; puis rendons-nous à Toulouse, la savante, la vieille métropole du midi ; après un peu de repos, allons visiter le couvent du saint Nom de Jésus qui honore particulièrement la Sainte dans une de ses gracieuses chapelles.

Mais la dévotion à cette grande Thaumaturge n'est pas le partage de la seule ville de Toulouse ; elle est répandue dans toutes nos contrées méridionales ; le diocèse de Fréjus ne saurait être oublié dans ce nombre et mérite une mention particulière. Combien de jeunes personnes, remarque M. de Montrond [17], y portent le doux nom de Philomène ! Quelle est la mère qui n'a pas raconté à sa fille l'histoire merveilleuse de la sainte Patronne ? Dans la campagne, dans les villes, son image se retrouve partout, non seulement dans les églises, les chapelles, mais encore dans les maisons, dans les ouvroirs, les ateliers, les filatures, les écoles... nous l'avons retrouvée avec émotion cette

---

[16] Hre du cardinal Pie par Mgr Baunard.

[17] Auteur du livré intitulé : le Curé d'Ars et sainte Philomène.

image bénie, dans la mansarde de la pauvre ouvrière, au-dessous d'un crucifix et à côté de l'image de la Vierge Marie.

Dans la ville du Puy et dans les campagnes de la vieille province du Velay, le culte de la grande Sainte est particulièrement en honneur. Voyez-vous, dans ces contrées, ces groupes de femmes ou de jeunes filles assises devant les portes de leurs maisons, s'occupant activement du travail de la dentelle qui est la principale ressource du pays ! Approchez vos yeux de ces métiers de bois, de forme demi-sphérique, garnis de nombreux petits faisceaux ou bobines qui roulent entre les doigts de ces habiles ouvrières du Puy !.... que découvrez-vous sur ces carreaux ? quelques images pieuses, celle de la Sainte Vierge d'abord, et après elle, presque toujours sainte Philomène... Ainsi la jeune Martyre est l'aimable compagne du long et pénible labeur de ces pauvres ouvrières. Un simple regard sur son image, une invocation, une prière les anime, les fortifie, les console. C'est, au milieu de leurs fatigues, comme une brise rafraîchissante qui souffle des rivages du Ciel. Dans le Jura, le culte de sainte Philomène est aussi très répandu. Une chose bien frappante, c'est de voir combien est grand le nombre des simples villages, des bourgades aux noms presque inconnus, qui rendent à sainte Philomène de solennels hommages, sa mémoire est vraiment chère aux populations rurales, aux pauvres, aux petits, à la jeunesse surtout, aussi la chère sainte Philomène leur réserve-t-elle ses plus douces faveurs.

Le Souverain Pontife Léon XIII, pour fortifier encore cet élan a indiqué lui-même aux dévots serviteurs de sainte Philomène, l'intention apostolique du *retour à la foi des classes ouvrières, et de l'éducation chrétienne de l'enfance,* pour être jointe aux invocations qu'ils adressent chaque jour à sainte Philomène.

Chapitre 5

Culte de Sainte Philomène dans le diocèse de Chartres.

Sainte Philomène est honorée dans la ville de Chartres à la maison-mère des Sœurs de Saint-Paul. Le sanctuaire de Sainte-Foi contient une statue de la Vierge Martyre. *Chateaudun* et *Rouvres* la vénèrent, *Dreux* lui rend également de pieux hommages, mais la petite cité *de Voves* est le lieu de pèlerinage le plus fréquenté du diocèse. En voici *l'historique* d'après des écrits authentiques, qui jusqu'ici étaient restés dans l'humble état de manuscrits.

La sœur Irène, de la Congrégation des Sœurs de saint Paul, de Chartres, dans laquelle sainte Philomène est si vénérée, lui avait voué dès sa jeunesse le plus tendre amour joint à une confiance sans bornes.

Envoyée à Voves où les Sœurs de Saint-Paul dirigent une école, son plus ardent désir était de voir celle qu'elle appelait sa chère Sainte honorée dans l'église de cette localité, et M. Chevallier en ériger un autel à sainte Philomène dans le petit coin de l'église où l'on tire les cloches, lorsque, par un prodige éclatant, la Sainte vint appuyer sa demande et faire cesser les délais du bon curé. Celui-ci avait une belle-sœur mariée depuis plusieurs années, dont les enfants étaient tous morts en naissant. Elle était sur le point de devenir mère encore. M. le curé, prévoyant pour elle un nouveau malheur, vint demander à l'école qu'on fit une neuvaine pour cette parente si éprouvée ; la sœur y consentit ; mais elle y mit la condition que si l'enfant vivait et que ce fût une fille on lui donnerait le nom de Philomène. Cette clause une fois acceptée, on commença les prières.

Le moment si redouté étant venu, la pauvre dame mit au monde une petite fille dont le visage et le corps étaient tout noirs, elle ne poussait aucun cri, elle était sur le point d'expirer, dans cette extrémité vite on envoie un exprès à M. le curé, pour qu'il vienne au plus tôt. M. Chevallier part sans différer. A peine arrivé il s'approche de l'enfant, met sa main dans la sienne ; aussitôt il sent qu'elle lui serre l'index, en même temps elle se met à crier de toute sa force, ô bonheur ! voilà que ses joues se colorent, sa chair devient blanche, le sang circule dans ses veines...

La chère petite était sauvée ! ! ! M. le curé, tout ému, alla à son retour trouver la sœur, et lui promit un autel qui fut érigé, avec l'autorisation de Mgr l'évêque de Chartres, au mois de mai 1843.

Une association en l'honneur de la chère Sainte fut approuvée par Mgr Clausel de Montals en 1846. D'après le règlement de cette association, deux jours sont plus spécialement solennisés en son honneur dans le cours de l'année ; l'un, le mardi qui suit l'Ascension de Notre-Seigneur, l'autre le mardi qui suit l'Assomption de la Très Sainte Vierge. De nombreux pèlerins se montrent fidèles à ces pieux rendez-vous. Mais ce n'était pas tout que d'avoir un autel, il fallait aussi se procurer un tableau de la Sainte. Une bonne demoiselle, tante de la sœur Irène, qui habitait Paris, voulut bien lui en donner un qu'elle lui envoya pour la fête du mois d'août.

Or, la Sainte ne voulant pas rester au-dessous du bienfait reçu, guérit subitement et radicalement la généreuse donatrice, d'un affreux ulcère quelle avait dans la bouche, tandis qu'éperdue, hors d'elle-même, par suite d'une violente douleur elle s'écriait dans un élan de confiance et de foi : *« sainte Philomène, je n'en puis plus, guérissez-moi... » !*

Un os énorme sortit de sa bouche, elle se rendit alors chez M. Clément, l'habile praticien de Paris qui lui avait donné tous ses soins ; celui-ci examina la bouche et n'y trouvant plus ni plaie ni aucune trace du mal qui naguère encore la rongeait, il dit à l'heureuse miraculée : *« Mademoiselle, vous avez trouvé dans le bon Dieu un meilleur médecin que moi ! »*

La sœur Irène avait été forcée de retourner à la Communauté pour s'y faire opérer d'un cancer : elle revint ensuite à Voves où, pendant plusieurs mois elle fut entre la vie et la mort. *« Vous vous en allez, chère sœur »*, lui dit un jour le bon pasteur, et la sœur de lui répondre avec un sourire résigné. « *Je le sais bien, M. le curé* ». Celui-ci fit faire pour elle aux enfants de la première Communion une neuvaine qui resta sans effet. Alors le bon pasteur ordonna à la sœur d'en faire une *elle-même*. La malade obéit et le lendemain elle était radicalement guérie. Il y a déjà bien des années que cette cure merveilleuse s'est opérée, la jeune sœur Irène est devenue une des *anciennes* de la Communauté, mais elle a conservé la jeunesse du cœur, et la reconnaissance qu'elle a vouée à sainte Philomène n'a rien perdu de sa vivacité.

La chère sœur avait bien un tableau, mais ayant une relique insigne de la Sainte, il lui fallait une châsse pour l'y déposer et l'exposer ensuite à la vénération des fidèles ; elle se mit donc en *instances* auprès de celle qu'elle pouvait bien appeler sa trésorière, et sa demande fut exaucée contre toute attente... Un jour, selon que le raconte la sœur dans un intéressant récit, on vint demander la guérison d'un notaire qui'était fort malade, ce qui fut fait. Mais néanmoins le malade mourut. Alors la chère sœur Irène de se plaindre à sainte Philomène *« Ah ! comment,* lui dit-elle, *vous avez laissé mourir cet homme. Eh bien ! comme compensation des prières que nous avons faites sans qu'elles aient été exaucées, il faut que vous obteniez à sa fille la vocation religieuse. »* Cette jeune personne était très mondaine et devait avoir 60 000 fr. de dot en mariage.

Mais sainte Philomène avait accepté la transaction proposée ; le voile des illusions qui dérobait aux yeux de la jeune fille les pures clartés de la foi fut déchiré subitement. Un rayonnement céleste éclaira son cœur et renonçant à toute alliance terrestre, elle résolut de prendre le divin Jésus pour son unique époux.

A partir de ce moment elle ne songea plus qu'à répondre à l'appel du Seigneur ; son attrait la portait vers la Congrégation des Sœurs de Saint-Paul. Mais de grandes difficultés s'opposaient à la réalisation de ses vifs désirs. La jeune fille met toutes ses espérances entre les mains de la Vierge de Mugnano, lui promettant d'offrir à l'église de Voves une belle châsse, si elle lui obtient de faire partie de cette grande famille qui envoie, jusque dans l'extrême Orient, des *auxiliaires* à ces apôtres de la bonne nouvelle appelés à porter au delà des mers le lumineux flambeau de la foi.

La grâce fut octroyée et le vœu généreusement accompli. La jeune fille entra joyeuse chez les Sœurs de Saint-Paul, et après avoir passé plusieurs années aux colonies, elle alla en Cochinchine où elle mourut en odeur de sainteté sous l'humble nom de sœur Marie-Ambroise.

Inutile de dire qu'elle fit connaître dans ces régions éloignées la chère Sainte à laquelle, après Dieu et *Notre-Dame de Chartres,* elle était redevable de l'honneur insigne de consumer sa vie au service du divin Jésus.

La belle châsse donnée par *la novice* occupe la place d'honneur dans la chapelle de sainte Philomène. On la porte en procession le mardi qui suit l'Ascension de N.-S. et le mardi qui suit l'Assomption de la Très Sainte Vierge, d'après le règlement de l'association de sainte Philomène, établie à Voves avec l'autorisation de Mgr de Montals, évêque de Chartres. Il y vient principalement à la première de ces deux époques de nombreux pèlerins.

Cependant un véritable malheur menaçait la paroisse de Voves, son excellent curé, M. Chevallier, était atteint d'une pulmonie qui laissait peu d'espoir de le conserver. Le vénéré malade toussait et vomissait le sang d'une manière effrayante, sa faiblesse était extrême. Tout faisait présager une fin prochaine ; on'était arrivé à la fête de mai de l'association de sainte Philomène. La sœur Irène se rendit entre les deux messes chez M. le curé.

Il était au coin de son feu, pâle comme la mort : « *Vous devriez bien porter la châsse de sainte Philomène à la procession* », lui dit-elle. Comment pouvez-vous donner un tel conseil à un homme qui ne peut pas seulement se soutenir, s'écrie un de ses confrères qui était présent. Nouvelles instances de la sœur et nouveaux reproches de l'abbé. Le malade finit par terminer ce débat en disant à la sœur d'une voix éteinte : « *Je la porterai* » ; il la porta en effet. Pendant l'hymne on lui proposa de le remplacer, mais lui, souriant, refusa d'être allégé de son précieux fardeau. La grâce était obtenue. A partir de ce moment les funèbres symptômes disparurent, le saint prêtre parfaitement guéri put désormais se livrer sans s'épargner aucunement aux fatigues du saint ministère.

Il y eut plus tard une épidémie dans le pays, tous les enfants de l'école étaient malades, la sœur fit placer le tableau de sainte Philomène dans la classe, et toutes les petites malades furent guéries. Alors on remit la sainte image dans le réfectoire des sœurs, sa place ordinaire ; mais le mal reparaissant on le reporta dans la classe et la santé revint aussitôt. Force fut bien alors de laisser le tableau là, ou sainte Philomène se plaisait si bien.

Ce qui va suivre nous a été communiqué par M. l'Abbé Rousseau, successeur de M. Chevalier. Dans le cours de l'année 1879, un incendie qui prit de suite des proportions considérables, avait bientôt gagné un grand nombre de maisons, au centre de la paroisse. Après avoir payé de ma personne en portant les premiers secours, je parcourus le théâtre de l'incendie pour avoir une idée de ses ravages. Un magasin rempli de matières combustibles allait être atteint par les flammes et l'embrasement de ce magasin, qui était imminent, aurait causé la ruine de tout le quartier. Effrayé à ce spectacle, je cours à l'église, là, me jetant aux pieds de la chère petite Sainte, je la conjure d'arrêter ces flammes qui allaient ruiner tant de pauvres ménages. Je fais vœu, si je suis exaucé, d'entretenir à mes frais, pendant un an une lampe à son sanctuaire. A partir de ce moment : les flammes après avoir léché les murailles du magasin menacé, semblent obéir à une puissance supérieure, et se contentent de dévorer ce qu'elles avaient atteint sans s'étendre plus avant. De tous côtés l'incendie s'arrêta. Je pus rentrer à l'église et réciter un *Te Deum* d'actions de grâces, me regardant avec bonheur comme le très heureux obligé de sainte Philomène.

« J'ai toujours gardé de ce fait le souvenir le plus reconnaissant. Je vous le livre tel qu'il est ; heureux de pouvoir ainsi m'acquitter d'une partie de ma dette ».

Tout dernièrement à Rouvres (diocèse de Chartres), il y a eu une fête splendide à l'occasion de la bénédiction d'une statue de sainte Philomène.

M. Chevallier, curé de cette paroisse, ayant hérité du zèle de son digne oncle pour la Vierge Martyre, avait tenu à établir dignement son culte, parmi le petit troupeau confié à ses soins.

Chapitre 6

Culte de Sainte Philomène dans le diocèse de Coutances.

Nous avons réservé ce diocèse pour terrniner notre parcours à travers la France, parce que les faits qui s'y rapportent sont de l'histoire contemporaine.

Le 3 février 1889, avait lieu, dans la belle église de Notre-Dame des Champs d'Avranches, l'inauguration solennelle des reliques de sainte Philomène.

Les fleurs les plus belles et les plus variées décoraient merveilleusement la maison du Seigneur ; au-dessus de la porte principale s'étalait avec grâce une inscription en fleurs naturelles sur laquelle on lisait : *A sainte Philomène.*

En présence d'une foule immense, la châsse, dont les religieuses Ursulines avaient reçu momentanément le précieux dépôt, fut placée pour la cérémonie, sur un trône gracieux au milieu du chœur. Après la lecture de l'acte d'authenticité des *saintes reliques,* faite par le premier vicaire de la paroisse, M. l'abbé Baudin, curé de Notre-Dame des Champs, délégué par Mgr l'évêque de Coutances et d'Avranches, donne la bénédiction solennelle à la ravissante statue de sainte Philomène [18] qui la représente s'endormant paisiblement au soir de son martyre, le crucifix dans une main et la palme dans l'autre. M. le curé entonne alors les invocations et prononce un acte de consécration de toute la paroisse. La grand'messe est célébrée solennellement, et le panégyrique [19] de sainte Philomène termine les fêtes de la matinée. Enfin le soir, une splendide procession aux flambeaux à travers les nefs de l'église illuminée à *Giorno,* conduisit aux chants des cantiques la

---

[18] Cette statue, offerte collectivement à l'église de N.-D. des Champs, est une œuvre magistrale due au talent de M. Talrich, l'un des plus habiles modeleurs de Paris.

[19] Par l'éloquent abbé Douvelle, pèlerin de *Mugnano.*

sainte châsse, de la place qu'elle occupait au chœur pendant les cérémonies, à celle qui devait être désormais la sienne, dans la chapelle du transept dédiée à saint Joseph.

La dévotion à sainte Philomène ne cesse de se manifester à N. -D. des Champs par des cierges et des lampes brûlant continuellement auprès de la sainte châsse et surtout, par les nombreux *ex-voto* suspendus aux parois du sanctuaire.

Les enfants sont là, comme toujours, l'objet des prédilections de sainte Philomène, mais il faut dire qu'ils s'en montrent dignes par les bonnes petites prières qu'ils lui adressent, soit seuls, soit en compagnie de leurs chers parents.

Un exercice spécial en l'honneur de la Vierge Martyre chaque jeudi, *prières et chants ;* le *mois d'août* qui lui est consacré ; une neuvaine preparatoire à la fête que l'on célèbre tous les ans le 11 août avec une grande solennité ; tels sont les principaux témoignages de piété rendus publiquement à sainte Philomène dans Avranches, cette jolie cité de la Basse-Normandie si gracieusement surnommée la ville des fleurs. Rose embaumée du Paradis, sainte Philomène est venue y ajouter par sa présence le charme ineffable des plus célestes parfums.

Nous apprenons qu'une solennité a eu lieu tout dernièrement dans des circonstances à peu près semblables, à la chapelle des Carmélites de Valognes (Basse-Normandie). Le panégyrique de la Sainte a été prêché par Mgr Germain, évêque de Coutances, dont le talent oratoire est bien connu, ainsi que son zèle pour favoriser le culte de *la bien-aimée* du Sauveur.

Cinquième partie

(Suite)

Culte de Sainte Philomène en France (suite).
Nouvelle église d'Ars dédiée à Sainte Philomène, 1865.
Premier pèlerinage national à N.-D. de la Salette, entrepris sous l'inspiration de Sainte Philomène, 1872.
Culte de la Thaumaturge en Europe, en Algérie, au Brésil, au Canada, aux États-Unis et dans l'extrême Orient.

Chapitre 7

La nouvelle église d'Ars dédiée à Sainte Philomène.

Allez visiter les tombeaux des saints, ornez-les de vos offrandes,
touchez leurs reliques avec une grande foi :
la bénédiction du Ciel viendra sur vous et vos trésors s'empliront de richesses.
(S. Jean Chrysostome in Juvent. et Maxim.)

Le vénérable Curé d'Ars avait souvent exprimé de son vivant le désir de voir s'élever en l'honneur de sainte Philomène un temple digne d'elle ; l'église où elle avait opéré tant de prodiges ne répondant ni à l'affluence des pèlerins, ni à la splendeur que demandait le culte dont elle était l'objet ; et, peu de temps avant sa mort il écrivit en tête d'une liste de souscription ces mots si encourageants.

« Je prierai le bon Dieu pour ceux qui m'aideront à bâtir une belle église à sainte Philomène. Pour mille francs, 1000 f. : Jean Vianney, curé d'Ars, 2 Avril 1859 ».

Dès que ce grand serviteur de Dieu eût été recevoir au Ciel la récompense de ses vertus, ses chers missionnaires se mirent sans tarder à l'œuvre. La parole de leur père bien-aimé, de leur maître chéri n'était-elle pas pour eux une parole sacrée ? et le vendredi 4 août 1865, 6e anniversaire de sa mort, avait lieu, en présence d'une foule immense, la consécration solennelle par l'évêque de Belley, de cette belle église placée sous le glorieux vocable de sainte Philomène.

Le nouveau temple se compose d'une admirable coupole, du style byzantin dans ce qu'il a de plus élégant et de plus pur. Le chœur est fermé par une galerie de stalles en bois sculpté, et par huit colonnes monumentales en granit rouge, huit statues colossales forment la garde d'honneur du sanctuaire. Au-dessus se déploie la frise sur laquelle sont peintes à fresque, les scènes principales de la vie et de la mort de la Sainte d'après les révélations. Le dernier ce ces magnifiques tableaux représente l'apothéose de la généreuse martyre.

Le Seigneur, après avoir fait triompher sa servante dans ses combats, l'appelle à lui pour la couronner de gloire dans son Paradis. Des anges nombreux l'accompagnent montant au sejour des élus ; les uns chantent ses victoires sur l'enfer tandis que d'autres jettent, aux pieds de la Vierge glorifiée, des lis, des palmes, des couronnes.

Quant à la peinture décorative de l'intérieur de l'édifice sacré, elle ne laisse rien à désirer ; mais ce qu'on ne saurait trop louer, c'est le splendide bas-relief servant d'encadrement au bel autel en marbre blanc placé au centre de la coupole. Il représente la Vierge Martyre au moment où elle est recueillie des eaux du Tibre et déposée sur le rivage par les anges [20].

---

[20] Ce bas-relief a valu à son auteur, M. Cabuchet, les honneurs du Salon de 1862.

Le corps virginal, d'une souplesse et d'une flexibilité admirable semble se transfigurer, sous le regard, au contact des mains angéliques ; on dirait une apparition de la Sainte, telle que nous la verrons dans le Ciel.

Le chœur est entouré de chapelles : deux portes latérales donnent entrée dans la nouvelle église qui est, à vrai dire, comme un prolongement de l'ancienne : son achèvement se poursuit avec persévérance et ce qui existe déjà fait pressentir tout ce qu'elle pourra devenir un jour.

Sans doute le sanctuaire, élevé en l'honneur de sainte Philomène dans la paroisse d'Ars, était un magnifique hommage de reconnaissance et de piété. Mais comme s'il ne suffisait pas pour identifier en France la gloire de la Sainte, avec la célébrité de ce sol béni, on conçut bientôt le dessein d'ériger, à l'entrée du village, une grande statue en bronze représentant la Thaumaturge du XIXe siècle.

En 1881, ce projet fut réalisé ; et, depuis cette époque, les pèlerins qui viennent de Villefranche aperçoivent de loin un monument assez élevé sur lequel repose la statue de la Sainte. Elle est là, debout, drapée dans une chaste tunique qui retombe en plis sur ses pieds, l'un d'eux repose sur le piédestal et l'autre s'y appuie à peine, comme pour montrer que le sol qu'il foule n'est pas celui de la patrie ; sa main droite tient la palme, symbole de son martyre, tandis que de son bras gauche qui est étendu, elle indique le tombeau du vénérable Curé. A l'autorité de ce geste, et au charme indescriptible de ce monument, on comprend que la chère petite Sainte continue à exaucer toutes les prières de son serviteur : « *Allez à lui,* semble-t-elle dire, *et je vous bénirai* ». Aussi les pèlerins n'ont-ils pas oublié le chemin de ces lieux si fertiles en prodiges et qui semblent devoir le devenir plus encore, tout faisant espérer que bientôt la voix du Pontife suprême le placera sur nos autels en le proclamant *Bienheureux*.

Chapitre 8

Sainte Philomène, inspiratrice des pèlerinages nationaux.
ô Philomène ! de la France
Entends les soupirs et les vœux,
Signale ton pouvoir immense
Obtiens-lui des jours plus heureux !
Tu nous montras, dans un avenir sombre,
L'astre si doux, l'étoile du matin,
Et tu nous dis : « Oui, partez en grand nombre, ne craignez pas les dangers du chemin. Marie attend de vous cet humble hommage, pour réparer les maux qu'on a commis. A la Salette, en reprenant courage, vous calmerez le courroux de son Fils. »
(Cantique chanté le 22 août 1879, à la Salette, par les prêtres pèlerins.)

Les pèlerinages !... voilà un mot, dit un pieux auteur, qui peut-être renferme en lui seul tout le secret de nos destinées.

Les pèlerinages !... ils sont devenus le principe de la régénération de la France, l'aurore du jour de sa résurrection. Depuis leur apparition, nous voyons s'accentuer, énergique, irrésistible, la renaissance catholique.

Nos malheurs ont puisamment contribué à ce retour subit aux saintes pérégrinations de nos pères ; c'est toujours aux époques les plus éprouvées qu'on les retrouve avec leur sève, leur élan, leur foi, et ce patriotisme qui a toujours été l'un de leurs mobiles les plus puissants.

En offrant dans ces grands actes de foi que nous nommons des pèlerinages, un moyen de salut à notre société si près de sa ruine, sainte Philomène n'est pas restée, au-dessous de son titre *d'inspiratrice* de ces saintes croisades de la prière et de l'expiation.

Au mois d'octobre 1871, l'âme remplie des tristes souvenirs du passé et des craintes qu'inspirait l'avenir, un prêtre du clergé de Paris priait, humblement prosterné sur la tombe du vénérable Curé d'Ars, près de l'autel de la Thaumaturge du XIXe siècle. Cherchant, sans pouvoir le découvrir parmi les hommes, un Sauveur pour la France malheureuse, « *il leva les yeux vers les montagnes d'où nous viendra le secours* ».

Il conçut alors, sous l'inspiration de sainte Philomène, la pensée d'un pèlerinage *national* à Ars et à la Salette, pour implorer la délivrance du Saint-Père, et conjurer les orages qui grossissaient sur nos têtes.

De retour à Paris, il fit part à quelques amis du projet que la Vierge de Mugnano avait fait naître dans son esprit, et sur la paroisse Saint-Gervais, des neuvaines se firent dans les maisons dévouées à la Thaumaturge, pour obtenir du Ciel, un appui et des moyens d'exécution.

Dans son humilité, le jeune prêtre s'adressa aux RR. Pères de l'Assomption, les priant de prendre la direction de cette œuvre importante. Ils y consentirent et bientôt, grâce à leur initiative, une circulaire fut adressée, par l'intermédiaire des comités, à tous les catholiques de France.

Ce projet fut accueilli avec les plus vives sympathies par l'autorité ecclésiastique. Le nonce du Souverain Pontife ne pût, sans émotion, lire la circulaire qui le révélait au monde chrétien. De toutes parts vinrent des adhésions spontanées.

C'est à Saint-Gervais de Paris, le 8 décembre 1871, que fut prise, par un groupe de généreux chrétiens, la résolution de braver, pour l'accomplir, toutes les difficultés.

Enfin le 2 février 1872, la même église recevait de nouveau, dans son enceinte, des catholiques pleins d'ardeur qui venaient aussi promettre d'exécuter le pieux et patriotique dessein inspiré par sainte Philomène. Après le saint Sacrifice offert à cette intention dans la chapelle de la Vierge Immaculée, protectrice de la France, la nombreuse assistance se dirigea vers celle de sainte Philomène, toute resplendissante de lumières. L'autel fut couvert de fleurs et le sol jonché de couronnes rouges et blanches, symbole de la virginité et du martyre. Le moment solennel était enfin venu, les fidèles s'agenouillèrent et alors s'éleva en même temps de tous les cœurs le vœu d'entreprendre un *Pèlerinage national à Ars et à N.-D. de la Salette, sous la protection de sainte Philomène, Thaumaturge du XIXe siècle, pour obtenir la conversion et le salut de la France et la délivrance du Souverain Pontife.*

Cet admirable pèlerinage s'accomplit dans l'octave de l'Assomption.

C'est ainsi que sainte Philomène devint l'instigatrice des pèlerinages nationaux dont celui de la Salette avait donné la glorieuse impulsion.

Chapitre 9

Culte de Sainte Philomène dans les autres pays.

En rapportant l'origine du sanctuaire que fit élever à Lyon, en l'honneur de sainte Philomène, mademoiselle Jaricot après sa miraculeuse guérison, en parlant de la consécration d'une chapelle dédiée à la Vierge Martyre dans l'église Saint-Gervais de Paris, en donnant un aperçu des merveilles opérées à Ars par son intercession, nous avons déjà fait voir par quels bienfaits elle avait voulu reconnaître les hommages qu'on lui rendait dans notre chère patrie. Mais son culte béni ayant pris une extension rapide, nous allons en donner une vue d'ensemble, nous arrêtant cependant çà et là pour cueillir dans ce champ si vaste et si fertile quelques beaux épis.

L'Espagne, dont la foi est si vive, ne pouvait pas rester étrangère à ce mouvement qui, semblable à un fluide électrique, s'était emparé de tant de cœurs. De nombreuses relations des prodiges obtenus par sa médiation furent envoyés à *Mugnano,* et les plus augustes pèlerins vinrent de cette contrée au vénéré sanctuaire rapportant, ensuite dans leur patrie des reliques pour les exposer à la vénération publique. Une belle poésie, en langue espagnole (appelée en style mythologique la langue des dieux) fut publiée en 1840. La ville de Cordoue se signala entre toutes par sa dévotion envers sainte Philomène. Un zélé trinitaire espagnol, dans une lettre qu'il écrit à Mgr Gennaro, recteur de Mugnano, le 20 avril 1870, lui donne ces détails touchants :

« A Cordoue, il n'y a pas un malade qui n'ait sur son lit une image de sainte Philomène et il arrive continuellement des prodiges par son intercession. J'ai traduit en langue espagnole les merveilles de la Sainte et j'en ai donné copie aux excellentes Sœurs de la Charité, qui l'ont reçue avec joie et ferveur et la communiqueront dans les divers monastères ».

Des Pères Rédemptoristes, par des lettres écrites de *Vienne* en 1834, assuraient que la dévotion à sainte Philomène était devenue universelle et très fervente, non seulement dans la capitale de l'*Autriche,* mais dans tous les pays qui l'environnent. Il en fut de même du *Tyrol* et de l'*Allemagne* proprement dite, en dehors des dissidents. La *Pologne*, les cantons catholiques de la *Suisse*, *Fribourg* en tête, participèrent à cet élan...

La *Belgique* embrassa la dévotion à sainte Philomène avec une incroyable ardeur, *Malines, Ostende, Bruxelles, Gand, Tournay*, lui offrirent à l'envi un culte publique. Inutile de dire que la sainte Thaumaturge encouragea cet incomparable élan par des faveurs toutes célestes.

Le vingt-six juillet 1884, on érigea à *Courtray* dans l'église des RR. PP. Jésuites un patronage sous le vocable de sainte Philomène, dans le but de moraliser les ouvrières des fabriques ou autres, qui ne font pas partie de quelqu'autre confrérie ou patronage. Cette association est régulièrement fréquentée, et un certain nombre de dames et de demoiselles en sont les pieuses zélatrices.

✠

Culte de sainte Philomène en Irlande, en Angleterre.

Les catholiques en *Irlande* possèdent, dans plusieurs de leurs églises, des reliques de la Sainte. En 1835, la comtesse de Leicester vint *de l'Angleterre, sa patrie, en pèlerinage à Mugnano*, pour rendre grâces d'une faveur qu'elle avait reçue par la médiation de sainte Philomène.

Une autre dame, nouvellement convertie, a traduit en langue anglaise un récit des miracles de la Sainte.

✠

Culte de sainte Philomène en Turquie,

en Syrie et en Algérie.

On écrivait à Mugnano, de *Constantinople*, en date du 25 juillet 1838, que des images de sainte Philomène étaient exposées dans plusieurs lieux et que l'ouvrage traitant de la vie et des merveilles de la Sainte avait été traduit en langue turque.

Le Patriarche d'Antioche, dans une relation du 25 juillet 1838, affirme l'extension en Syrie du culte de sainte Philomène et rend compte de la guérison d'une dame d'Alep, atteinte d'un mal grave et compliqué, obtenue par son intercession.

Le supérieur de la mission apostolique de Constantinople alla en pèlerinage à *Mugnano* avec d'autres missionnaires, au mois de février 1839. Mgr Guasco, des Minimes, observantins, vicaire apostolique de l'Egypte, pour les Latins, écrivait d'Alexandrie, le 28 août 1841, une lettre attestant l'érection de trois autels à sainte Philomène, et le miraculeux retour à la santé de deux religieux infirmes du couvent de Palestine.

Le 6 juin 1859, le Père Philippe Thomas, missionnaire apostolique auprès de Mgr Valerga alors patriarche de Jérusalem, se rendant de Constantinople à Rome, vint visiter le sanctuaire de *Mugnano,* pour remercier sainte Philomène d'une faveur insigne dont il avait été l'objet. Le Révérend Père affirma au recteur du sanctuaire que, dans l'église de Saint-Sauveur des religieux franciscains de Terre-Sainte, à Jérusalem, on y vénérait sainte Philomène représentés dans une très belle statue.

Le 6 mars 1842, un missionnaire apostolique d'Alger vint à *Mugnano,* et déclara, après avoir célébré le saint sacrifice, qu'il était venu pour accomplir un vœu qu'il avait fait ; et comme il se proposait à son retour de lui élever un sanctuaire, il demanda des reliques de la Sainte, afin de les y exposer ; il voulut aussi emporter six arbres fruitiers du jardin de *Mugnano,* exprimant la gracieuse pensée de les planter prés du temple projeté, pour en distribuer les fruits, en forme d'*Eulogies,* aux pauvres arabes convertis. Quatorze mois après, se trouvant en Algérie, il renouvelait la demande d'une relique insigne destinée pour cette église, se confiant dans la protection de la Sainte pour amener de nombreuses conversions parmi les Arabes.

Les mêmes instances furent faites par l'entremise des missionnaires apostoliques d'Alexandrie et du Grand Caire.

En 1869, nouveau pèlerinage d'un missionnaire lazariste, professeur de Philosophie au grand séminaire d'Alger, qui fit part de l'admiration et de la joie que lui avaient causées la grande dévotion à sainte Philomène qui régne dans ces cités africaines, dévotion commencée depuis peu d'années, mais rapidement propagée par le zèle du supèrieur des missions de l'Algérie et vicaire du diocèse.

Chapitre 10

Du culte de Sainte Philomène dans les deux Amériques et les Indes Orientales.

Le culte de sainte Philomène fut transporté aux Etats-Unis par les missionnaires apostoliques, qui rapportèrent de *Mugnano,* où ils s'étaient rendus en pèlerinage, des reliques de la Sainte en 1836. La guérison éclatante d'une dame, qui s'opéra en recevant une médaille de sainte Philomène, et d'autres prodiges à New-York, portèrent les Pères à solliciter du Souverain Pontife, Grégoire XVI la concession de l'office et de la messe de la Sainte, qui leur fut accordée.

Par les soins des PP. Rédemptoristes de Pittsburg, (Pensylvanie), le culte de sainte Philomène se propagea dans cette région ; les nombreux prodiges opérés à Baltimore, très opulente cité des Etats-Unis, portèrent les catholiques Allemands à demander à créer une belle église contiguë à la maison des bons Pères, sous le vocable de sainte Philomène. La consécration de ce temple, situé sur le déclin d'une montagne, eut lieu le 25 mars avec une grande solennité. La belle statue de Philomène fut placée sur un trône splendide, élevé devant le maître-autel, et tandis qu'on achevait la bénédiction de l'église, des coups de canon se firent entendre.

Puis vint le moment où, les portes du sanctuaire étant ouvertes, les troupes y entrèrent, suivies d'une foule compacte ; parmi les assistants se trouvaient beaucoup de protestants. Le saint sacrifice de la messe commença au moment où le célébrant élevait la divine hostie, les soldats portant les drapeaux les inclinèrent jusqu'à terre en signe d'adoration au Très Saint Sacrement, ce qui ne s'était jamais vu dans cette contrée.

Dans chacune des parties principales de la messe, les canons continuèrent à faire entendre leur bruit retentissant. L'émotion était générale.

Le 11 avril 1869, les églises de Pittsburg se distinguèrent dans les fêtes célébrées pour le Jubilé sacerdotal du saint Pape Pie IX. Les sociétés de sainte Philomène se rendirent bannières déployées et musique en tête dans son béni sanctuaire, donnant ainsi par leur présence à cette fête si belle, un attrait et un charme de plus.

Au commencement de 1869, la Revue Britannique, dans la statistique qu'elle publiait des établissements religieux existant dans la ville de Saint-Louis aux Etats-Unis, mentionnait l'asile de sainte Philomène dirigé par les Sœurs de Saint-Vincent de Paul contenant 85 orphelines.

Voici à quelle occasion la dévotion de sainte Philomène fut établie dans l'Amérique Méridionale. Le Père Supérieur d'un couvent de Capucins établi au Brésil avait, en 1845, commandé à l'un de ses confrères en religion, résidant à Naples, une belle statue de sainte Philomène ; la statue une fois achevée, le frère conjura l'Impératrice du Brésil, Marie-Thérèse de Naples, de vouloir bien lui donner place sur la flotte qui devait la conduire dans la capitale de son empire.

La bonne Princesse y consentit volontiers, et fit apposer sur la caisse qui la contenait le sceau impérial. Après une heureuse traversée, la jeune Souveraine du Brésil se rendit au palais Impérial et fit mettre dans son oratoire la statue de sainte Philomène en témoignant une pieuse joie de la posséder.

Plusieurs archevêques et évêques de l'Amérique Méridionale et de celle du Centre vinrent en pèlerinage à *Mugnano*. Ces pontifes rendirent de magnifiques témoignages touchant le culte que recevait sainte Philomène dans leurs diocèses respectifs, et les prodiges opérés par suite des prières qu'on lui adressait.

Le culte de sainte Philomène fut aussi introduit en Turquie d'Asie, en Chine, ainsi que le prouve le beau petit cadre (quadrillo) dans lequel sa gracieuse image a été peinte au moyen du suc d'une certaine herbe. Cet ex-voto fut envoyé à *Mugnano* au mois de mai 1840 par le cardinal Franzoni, préfet de la *Propagande*.

On voit aussi dans le trésor du même sanctuaire une effigie de sainte Philomène, ouvrage des élèves du collège *chinois* de Naples, offerte dans leur visite à *Mugnano*, le 26 octobre 1867. On y lit en caractères chinois le nom de sainte Philomène avec leur propre signature, comme témoignage de leur dévotion.

✠

Indes Orientales.

Le culte de sainte Philomène fut porté à Pondichéry, une des villes de cette contrée, par des missionnaires. Un français nommé Peletier fit modeler une statue de sainte Philomène qu'il exposa dans sa propre demeure, fréquentée par de fervents catholiques. Ceux-ci partagèrent sa dévotion et des grâces multipliées en furent la récompense. Dès lors on comprit qu'une simple habitation particulière ne pouvait suffire pour rendre à la Sainte un culte en rapport avec ses mérites et ses bienfaits. Le zélé Peletier eut alors l'heureuse pensée de fonder une pieuse association dans le but d'élever un bel autel à la Sainte dans l'église des Missions-étrangères, ce qui fut exécuté avec une magnificence digne de Celle que l'on voulait honorer. Le travail fut exécuté par des indiens intelligents et dévoués à la chère Sainte. On déposa la statue dans une niche placée sur des gradins et ornée de colonnettes avec fronton et autres ornements en bois doré, ce qui produisait un grand effet. Le culte, de la Vierge Martyre, se répandit à un tel point dans Pondichéry et ses alentours, que les parents s'empressaient de donner à leurs enfants le nom de Philomène. Le père Damien *De Veuster*, cet héroïque religieux qui se consacra au service des lépreux, arrivant à son poste périlleux et lointain [21], y trouva la dévotion à sainte Philomène généralement répandue.

[21] Ile de Molokai, archipel d'Hawaï.

Bien d'autres régions mériteraient de trouver ici une mention spéciale, mais il faut se borner, et l'exposé que nous venons de faire suffit pour démontrer d'une manière certaine *l'universalité* et les bienfaisants *résultats* du culte rendu à sainte Philomène depuis sa glorieuse sortie des catacombes.

Sixième partie

Chapitre 1

Neuvaine à Sainte Philomène.

Premier jour.

La foi.

Méditation.

Dans l'ordre de la vie chrétienne, dit Mgr Gay, c'est-à-dire de la vie divine, la foi est notre premier principe ; elle est tout ensemble la vertu qui nous y fait naître et la marque que nous y sommes nés. Elle nous caractérise, elle nous discerne, elle nous désigne. Aussi sert-elle à nous nommer ; nous nous appelons des *fidèles*.

À ce titre nous devons confesser Dieu, Jésus-Christ, son Église. « *Il importe donc au plus haut degré* » de garder présentes, en son esprit, ces solennelles et effrayantes paroles du Maître : « *Quiconque aura rougi de moi devant les hommes, je rougirai de lui devant mon Père* » [22]. On comprend que cette rougeur au front de notre juge, c'est inévitablement le prélude d'une sentence mortelle prononcée par ses lèvres. Donc jamais de trahison, jamais de lâcheté, de défaillance, de pusillanimité, de retraite honteuse ; jamais l'ombre de respect humain. Quand l'occasion se présente de déclarer aux hommes non seulement sa foi, mais ses espérances, son amour, le vrai chrétien le fait

[22] Luc, IX, 26.

franchement, il se montre simplement ce qu'il est, un enfant de Dieu et de l'Eglise, il sait qu'il porte un noble drapeau, qu'il ne doit ni rendre, ni abaisser, ni avilir.

Tous, nous devons être des *témoins* ; tous les saints furent des Confesseurs, ce qui veut dire des gens qui ont rendu témoignage. Beaucoup l'ont rendu jusqu'au sang, ce sont les témoins par excellence, et tel est le sens de ce grand mot de martyr, qui les désigne à notre vénération.

Croyons simplement *aujourd'hui* ; demain les voiles tomberont, la grande vision apparaîtra et le mystère aura disparu pour toujours. Quand Dieu a promis de se découvrir et que chaque heure approche l'instant où nous verrons sa face adorable on peut attendre en paix.

Ceux qui n'ont pas la foi, disait le saint Curé d'Ars, ont l'âme bien plus aveugle que ceux qui n'ont pas d'yeux, nous sommes dans ce monde comme dans les brouillards ; mais la foi est le vent qui les dissipe, et qui fait luire sur notre ame un beau soleil...

Chez nos frères séparés, hélas ! comme tout est triste et froid ! c'est un long hiver ! *chez nous* tout est gai, joyeux et consolant. ?!

C'est que ce monde de la foi est déjà un vrai Ciel. Tout y est affirmations, solidité, plénitude, tout y dit *Amen* ; tout y dure, tout y est immortel.

Appuyée sur le Verbe, l'âme chrétienne va répétant sans cesse : *« Dieu l'a dit, Dieu me l'a dit, »* plus de doutes, de perplexités, le flambeau de la foi l'éclaire dans toutes ses voies et l'empêche d'errer dans les ténèbres...

Qu'avons-nous fait, Seigneur, pour jouir d'un tel privilège, tandis qu'un si grand nombre d'âmes en sont privées ? Montrons-nous dignes d'un tel bienfait en soutenant l'œuvre admirable de la propagation de la foi, soutenons de nos dons et de nos prières les intrépides messagers de la bonne nouvelle qui partent pour évangéliser les peuples encore assis à l'ombre de la mort, de cette manière nous participerons à leurs mérites en ce monde, et dans l'autre à leur immortelle récompense.

Ô Dieu, qui nous soutenez par les mérites et l'exemple de la bienheureuse Philomène, Vierge et Martyre, accordez-nous dans votre bonté, qu'affermis dans la foi et la charité, nous ne soyons point séparés de vous par la tentation.

Par Jésus-Christ Notre Seigneur. Amen [23].

Second jour.

L'espérance chrétienne.

Méditation.

Si la foi nous fait croire tout ce que vous nous avez révélé par votre Église, ô mon Dieu, l'espérance dont vous avez daigné faire une vertu, nous fait attendre de votre bonté infinie les grâces nécessaires pour arriver au Ciel, où nous contemplerons ce que nous avons cru, où nous posséderons ce que nous avons espéré. L'espérance chrétienne s'appuie sur la bonté de Dieu, sur ses promesses, sur les gages adorables qu'il nous a donnés de sa protection dans les dangers, de son pardon dans nos chutes, en acceptant la sublime compensation offerte à sa justice par le Verbe incarné qui a souffert la mort la plus ignomineuse et la plus cruelle pour nous sauver. Quel gage encore renferme cette perpétuelle continuation, cette extension universelle du Sacrifice sanglant du Calvaire qui se renouvelle chaque jour pour nous au Sacrifice non sanglant de la Messe.

---

[23] Sainte Philomène. Collecte de la messe.

Ayant le Crucifix, l'Autel et le Tabernacle, nous ne devrions plus seulement espérer, mais vivre enivrés d'espérance.

Dieu emploie, de plus, à l'œuvre de notre salut tout ce qui est au Ciel et sur la terre, la Sainte Vierge, notre mère et la sienne, l'Eglise entière avec ses anges, ses bienheureux, sa hiérarchie terrestre, ses pouvoirs, ses sacrements, ses vertus... Qu'est-ce autre chose qu'une conjuration universelle ourdie par Dieu pour nous sauver ?

Cette douce vertu rendait les martyrs insensibles : en contemplant par la foi le Ciel promis en récompense de leurs glorieux combats, ils souriaient à la mort ; et leurs visages conservaient au milieu des plus horribles tortures un reflet d'ineffable joie qui redoublait la rage des bourreaux.

Ce beau Ciel dont la pensée seule les rendait si radieux, est-ce qu'il ne deviendra pas un jour notre demeure ? pourquoi donc laisser aller notre âme à la tristesse... sans doute nous avons péché, mais le sang de Jésus n'est-il pas assez puissant pour effacer nos fautes ?... Ne le répandra-t-il pas sur l'âme en pleurs par la sainte absolution ? et l'Eucharistie n'est-elle pas là pour lui donner la force de soutenir les saints combats ?. C'était après l'avoir reçue que les confesseurs de la foi sortaient des catacombes pour être dévorés par les lions rugissants, ou soufrrir d'autres tourments plus affreux peut-être encore.

La vie est une arène, si elle n'est pas baignée de notre sang, elle l'est bien souvent de nos larmes, et les larmes, on le sait, sont le sang du cœur. Confiance, oh oui ! confiance dans nos peines, nos tentations, nos souffrances. Le Ciel en est le prix ! mais pour y parvenir, dans ce beau Ciel, il ne faut pas s'abandonner à un repos stérile.

Vous recevrez, dit l'Evangile, mais commencez par demander ; *Vous trouverez* mais prenez avant tout la peine de chercher ; *la porte vous sera ouverte*, mais d'abord frappez-y. Il faut savoir et redire sans cesse que dans l'œuvre de notre sanctification tout nous vient de Dieu et en même temps agir comme si tout dépendait de nous seuls.

Si l'espérance pouvait pénétrer en enfer, les tourments des damnés seraient allégés ; mais c'est parce qu'elle n'y pénètre point que leurs tourments sont intolérables. Ah ! ne soyons jamais de ces *déséspérés* de l'existence qui la maudissent quand le malheur vient les frapper ; bénissons Dieu de ce qu'il nous traite avec miséricorde en mettant en nos mains les fleurs qui doivent former la couronne qui ornera notre front radieux pendant toute l'éternité.

Ô Dieu, qui nous soutenez par les mérites et l'exemple de la bienheureuse Philomène, Vierge et Martyre, accordez-nous, qu'affermis dans la foi et la charité, nous ne soyons jamais séparés de vous par le péché, votre ennemi et le nôtre, nous vous le demandons par Notre Seigneur Jésus-Christ. Amen.

Troisième jour.

La charité.

Méditation.

Si la foi éclaire l'intelligence, l'espérance console le cœur... mais seules elles ne peuvent avoir dans l'ordre du salut de résultat définitif sans la charité qui en est le couronnement nécessaire. Sans elle le sacrifice même de la vie ne saurait être méritoire ; *c'est elle* qui sanctifie toutes nos actions, *c'est elle* qui dépose dans notre âme le foyer où brûle constamment un feu que le péché seul peut éteindre.

L'amour, car la charité porte aussi cet ineffable nom, l'amour véritable est plein de zèle. Ses désirs pour plaire à Dîeu, pour le faire aimer sont vastes comme la mer. Les intérêts de son Jésus sont sa préoccupation continuelle. Il a soif de justice, il a faim du salut des âmes ; les péchés des hommes l'aiguillonne, il est fort, vaillant, magnanime ; d'autant plus courageux à entreprendre qu'il est plus profondément humble, d'autant plus intrépide à poursuivre qu'il est libre du respect humain, pur d'égoïsme, et qu'il n'agit que pour Dieu, n'attendant tout que lui. Sans sortir de l'âme, il rayonne jusqu'aux derniers confins des choses ; il va courant dans le corps entier de l'Eglise, au Ciel, au Purgatoire, sur toute la terre, prenant toutes les formes pour satisfaire aux innombrables besoins qu'il constate ; tantôt *maître*, tantôt bien plus souvent *serviteur*, tantôt *soldat*, tantôt *apôtre*, tantôt *martyr*, mais toujours se dépensant lui-même, et avec une joie qui croît à mesure qu'il trouve à se dépenser davantage.

Ô mourir à soi, ô aimer, ô parvenir à Dieu, sont les sublimes élans de l'âme éprise du divin amour. Ecoutons les saints : « *Ou souffrir ou mourir* » (sainte Thérerèse.) « *Encore plus, Seigneur, encore plus de croix, plus d'épreuves !* » (saint François Xavier) « *je ne vois rien qui nous adoucisse tant la longueur de la vie que de souffrir en aimant...* » (Bienheureuse Marguerite-Marie). Le sacrifice c'est le besoin de l'amour. « *Qui nous séparera de l'amourde Jésus-Christ* », s'écrie Saint Paul l'Apôtre des nations ; « *certes ce ne sera ni la mort ni la vie* », car mourir pour Jésus-Christ, vivre pour Jésus-Christ c'est également un bien.

« *L'âme éprise du saint amour,* disait le Curé d'Ars, *parcourt le chemin de ce monde, monté sur un beau char de triomphe ; ce char est traîné par les anges, et c'est Notre Seigneur lui-même qui le conduit. Tandis que le pauvre pécheur est attelé au char de la vie, le démon est sur le siège, qui le force d'avancer à coups de fouet.* »

« *Au Ciel la foi et l'espérance n'existeront plus ; car les brouillards qui obscurcissent notre raison seront dissipés. Notre esprit aura l'intelligence des choses qui lui sont cachées ici-bas. Nous n'espèrerons plus rien, puisque nous, aurons tout. On n'espère pas acquérir un trésor qu'on possède... Mais l'amour, oh ! nous en serons enivrés ; nous serons noyés, perdus dans cet océan de l'amour divin.* »

« *Ah !* disait encore M. Vianney, *l'immense charité de Dieu est un avant-goût du Ciel, si nous savions la comprendre, la sentir, la goûter ! Ah ! que nous serions heureux ! Ce qui fait qu'on est malheureux,* ajoutait-il avec tristesse, *c'est qu'on n'aime pas Dieu, on ne se soucie pas de son amitié, on ne fait aucun cas de ses promesses... que c'est dommage ! ! !* »

Oui, mon Dieu, *quel dommage* en effet causerait à notre âme une telle ingratitude. Aussi nous vous conjurons, ô Cœur de Jésus, centre du bel amour, d'embraser de telle sorte notre âme de vos divines flammes, que notre dernier soupir soit un soupir d'amour qui l'introduira dans la céleste patrie, où elle pourra vous aimer sans mesure et sans fin.

Ô Sainte Philomène ! vous qui avez aimé Dieu, jusqu'à donner votre vie pour lui, ce qui est le plus grand gage d'amour, comme le disait Notre-Seigneur à tous ces pharisiens au cœur dur dont il était entouré, obtenez-nous la grâce d'avancer de plus en plus dans la voie royale de la divine charité ; chère Sainte, faites aussi qu'en édifiant notre prochain par nos vertus, en le soulageant par nos bienfaits, nous le portions à bénir Dieu, à le servir et à l'aimer.

Quatrième jour.

De la prière.

Méditation.

Tout ce qu'on veut, tout ce qu'on peut vouloir de vrai, de juste, de bon, de saintement heureux, on n'a qu'à le demander à Dieu pour l'obtenir : plus ce qu'on demande a de prix, dans l'ordre du salut, plus on est sûr d'être exaucé. L'Evangile est exprès sur ce point, et Jésus-Christ n'y dit rien de plus clair : « *En vérité, en verité, tout ce que vous demanderez à mon Père en mon nom, je le ferai : il y va de la gloire que le Père veut avoir dans le Fils. Et si vous demeurez en moi, et que mes paroles demeurent en vous, tout ce que vous voudrez, vous le demanderez, et il vous sera accordé* ». Ainsi non seulement il s'oblige envers nous, mais c'est par serment qu'il s'oblige.

Heureuse donc l'âme de désir ! c'est d'elle que Jésus parle quand il dit : « *Bienheureux ceux qui ont faim et soif de la justice* », ajoutant qu'ils « *seront rassasiés* ». La prière est le cri naturel du désir, sa forme sacrée, sa vertu la plus efficace. Prions beaucoup, mais surtout prions bien.

On se rappelle très volontiers ces promesses presque illimitées : « *Demandez, et vous recevrez ; frappez et il vous sera ouvert* » ; mais on oublie trop aisément la condition indispensable que Notre-Seigneur met à ce succès. Que de fois il s'en est formellement expliqué ! même quand il ne l'énonce pas en termes explicites ; il la suppose toujours. « *Si vous demeurez en moi,* dit-il à ses Apôtres, *et que mes paroles demeurent en vous, tout ce que vous voudrez, vous le demanderez et il vous sera accordé* ». Tout ce que vous voudrez, voilà une latitude immense ; mais Dieu prend soin d'abord de régler cette volonté dont il promet ensuite d'exaucer tous les désirs ; et cette règle, c'est que l'âme qui prie « *demeure en Jésus-Christ* », c'est-à-dire dans sa foi, dans sa lumière, dans son esprit ; et qu'on ne demande rien dès lors qui ne soit conforme à l'ordre, à la loi, à la raison chrétienne, aux desseins généraux ou particuliers de Dieu, enfin, à sa sainteté et à sa gloire. Surtout ne prions point en notre propre nom mais au nom de Jésus-Christ : l'Evangile nous l'enseigne. C'est par Jésus seulement, par sa médiation, par ses mérites, par son sang versé sur la croix, que nous avons accès auprès du Père. Nous n'avons donc, pour aborder Dieu et le prier comme il convient, qu'un titre extérieur et emprunté. Ames chrétiennes, voulez-vous une excellente pratique d'humilité pour le début de vos prières ? Faites ce que dit David ne vous présentez à Dieu « *qu'enveloppées dans la justice* » c'est-à-dire cachées et perdues en Jésus, dites à Dieu : *« Lui, ô mon Père céleste, et non pas moi, car je prie, mais ce n'est pas moi qui prie, c'est Lui, Jésus, qui prie en moi. » « Regardez donc, Seigneur, la face de votre Christ* » et faites miséricorde à vos pauvres créatures, prosternées devant vous ; reconnaissant leur indignité, mais confiantes en *Celui* qui a tant souffert pour nous sauver !

Dieu tout-puissant et éternel qui avez donné à sainte Philomène la force de remporter la palme de la virginité et du martyre, accordez-nous, par ses prières et en vue de ses mérites, la grâce de conserver notre esprit et notre corps dans une entière pureté, et de souffrir patiemment la rigueur des maux, des afflictions dont nous pouvons être frappés pendant la vie à moins qu'il ne vous plaise de nous en préserver ou délivrer.

Nous vous le demandons par Notre Seigneur Jésus-Christ votre Fils, qui vit et règne avec vous en l'unité du Saint-Esprit, durant les siècles des siècles [24]. Ainsi soit-il.

Cinquième jour.

Correspondance à la grâce.

Méditation.

Dieu qui, comme créateur, met en nous la puissance naturelle d'agir, nous donne, comme sanctificateur, tous les moyens pour bien agir, c'est-à-dire pour opérer dans la vérité, dans l'ordre, dans la justice, conformément à la loi, et en vue de la fin dernière. Ces moyens, c'est une lumière, un goût, une impression secrète, une force qui pousse en avant, une action qui dilate, un feu qui échauffe, un appui qui encourage, un attrait qui décide, que sais-je ? un secours enfin et ce que nous nommons précisément une grâce. Mais encore faut-il recevoir cette grâce, profiter de ce secours, employer ce moyen, faire acte d'homme, se décider librement, agir en conséquence, en un mot travailler. Dieu, qui fait en nous tout ce qu'il veut, n'y veut rien achever sans nous. *Correspondre à la grâce !* là est tout le secret de la sanctification et du salut. Éviter le mal, faire le bien, faire tout bien, devenir un saint : *"Je puis tout en Celui qui est ma force" ;* à une condition toutefois : c'est que « *sa grâce ne soit pas vaine en moi* » ; c'est que je m'ouvre à son action et m'y rende docile, c'est que je suive son mouvement et joigne ma libre volonté à sa volonté souveraine ; c'est que, provoqué et soutenu par lui, j'agisse réellement avec lui et qu'enfin je lui corresponde. Nous avons

---

[24] Prière tirée du *petit* Office de la Sainte.

mille devoirs ; tous reviennent à l'obligation de correspondre à la grâce. Douce et facile vie, en vérité, celle que Dieu nous demande, puis qu'il en demeure l'initiateur et l'auteur principal, et que tout se borne pour nous à l'écouter, à le croire et à le suivre en nous livrant filialement à lui.

Tout se tient d'ordinaire dans les conseils divins. Cette bonne inspiration, qui m'arrive aujourd'hui, peut être, dans l'ordre de ma prédestination, le commencement d'une série indéfinie de grâces qui sortiront les unes des autres, s'enchaînant l'une l'autre, et produisant, par leur succession même et leur progrès, l'état de perfection où Dieu prétend que j'arrive. C'est comme un premier germe qui deviendra un arbre, lequel avec le temps, produira d'autres germes, d'où d'autres arbres naîtront et finiront par former une forêt. Qu'au lieu d'être reçu et gardé par une bonne terre, ce germe, comme la semence évangélique reste sur le sol aride ; l'arbre ne poussera point et la forêt ne se verra jamais. Et de même, si la grâce offerte est refusée ou négligée, si elle passe sans qu'on en profite, adieu les grâces dont elle était à la fois l'élément et la condition ; adieu, par suite, la sainteté qui devait être la moisson de ces grâces. Donc, devons-nous tenir le don de Dieu en un si grand respect, que nous n'en laissions même pas échapper une parcelle. Nul n'est en mesure de deviner ce qu'il risque de perdre en perdant une seule, chaque goutte ici peut être une *source,* et cette source peut devenir un *fleuve.*

C'est de là, nous le comprenons, que résulte pour nous la rigoureuse obligation du courage. Toute correspondance à la grâce est une action surnaturelle ; et, à prendre la chose en général, toute action surnaturelle nous coûte. Il suffit, pour cela, qu'elle soit, ce qu'elle est toujours, une action qui *monte,* une action qui nous fait *monter,* ce qui, le plus souvent nous oblige à nous *surmonter.* Le terme suprême de tous ces actes, c'est ce royaume de Dieu dont Jésus dit qu'il souffre violence, et que les seuls violents l'emportent.

Il s'agit d'arriver au Ciel : la grâce en vient toujours, et toujours pour nous y conduire. Or la route est longue et ardue. Si ce n'est pas une *escalade,* c'est du moins une ascension ; sans effort, sans labeur, nul n'y peut réussir, mais nous conserverons la grâce divine, nous affronterons les périls de la route, le cœur en haut d'où nous viendra les secours.

Daignez, Seigneur, nous faire trouver, dans la protection de sainte Philomène, les secours que réclame notre indigence, afin que nous recevions, par son intercession, les grâces dont vous êtes la source et qui nous sont nécessaires pour arriver à la sainteté. Nous vous en supplions, ô Dieu, vous qui vivez dans les siècles des siècles. Ainsi soit-il.

Sixième jour.

La pureté.

Méditation.

La Pureté est une vertu si délicate, que la nommer c'est presque la flétrir. Semblable à la sensitive, cette plante modeste de nos jardins qui se ferme dès qu'on la touche, l'ombre même du mal l'effraye, elle fuit les regards profanes, elle ressent un éloignement instinctif de tout ce qui peut l'altérer.

« La pureté rapproche de Dieu », disent nos Livres Saints ; ce qui paraît une solitude est un recueillement fait à la prière.

L'âme chaste ne s'attache pas à la terre. Son amour pour Dieu qui doit être sa fin dernière, la porte sans cesse vers lui. Toujours belle parce qu'elle espère, toujours jeune parce qu'elle est pure ; tous les âges reflètent pour elle les doux rayons du Ciel, aussi ressent-elle dès ce monde même les ineffables effets de la parole du Sauveur : *« Bienheureux les cœurs purs parce qu'ils verront Dieu. »*

La Chasteté est à la fois une vertu *austère, jalouse* et tout ensemble *remplie de délices.*

Elle est *austère,* parce que maintenir la paix et l'harmonie dans ce corps divisé et orageux que le péché nous fait, c'est positivement le dompter, et qu'on n'y parvient que par les saintes rigueurs de la pénitence, employées toutefois avec discrétion.

La Pureté est encore une vertu *jalouse à* cause de Dieu dont elle défend les intérêts, dont elle fait l'œuvre, dont elle maintient l'empire ; son œil est comme la flamme, sa main comme une torche embrasée, elle tient de ce chérubin qui gardait l'entrée du Paradis terrestre. Cependant, tout armée qu'on la voit et toujours prête à guerroyer, elle ressemble aux colombes qui fuient rien qu'à entendre un léger frôlement, timide, elle rougit aisément ; elle aime l'ombre et le silence et se tient à l'écart.

La sainte Virginité est la sublime éclosion de cette fleur sans tache. Les anges du Paradis en ont enrichi la terre pour rassembler autour de *l'Agneau Divin* cette phalange immaculée qui doit le suivre partout où il va.

Ce privilège ineffable n'appartient pas à la généralité des âmes ; mais toutes doivent fuir les moindres souillures du péché qui leur enlèverait cette pureté dont la présence est un effet de la grâce sanctifiante recue au Baptême et recouvrée par le sacrement de Pénitence, si elles ont eu le malheur de la perdre.

Le Curé d'Ars disait dans son poétique langage : « *l'âme chaste est une belle rose et les trois personnes Divines descendent du Ciel pour en respirer le parfum* ».

N'ajoutons qu'une pensée :

L'Eucharistie existe ; dès lors : que notre âme, pour recevoir ce *pain qui produit les élus, et ce vin qui fait germer les Vierges,* soit comme un beau ciboire forme d'un or pur et sans mélange.

Ô sainte Philomène, vierge si pure et si digne de ce beau titre dont la grandeur surpasse celle des *couronnés* de la terre obtenez-nous de votre divin Epoux cette fidélité et ce constant amour qui nous méritera d'être un jour admis dans le Ciel où rien d'impur, ne saurait entrer.

Septième jour.

La divine Eucharistie.

Méditation.

La veille de sa mort, après avoir célébré la Pâque antique avec ses disciples, Notre Seigneur Jésus-Christ, l'Agneau divin, institua le sacrement adorable de l'Eucharistie, gage suprême de son amour rédempteur qui est l'extension à tous les temps et à tous les lieux de l'immolation unique du Calvaire, c'était l'heure de l'amour, la communion de l'amour. Si saint Jean est appelé l'Apôtre de la dilection, il le doit au repos pris sur la poitrine du Maître au moment où tous les secrets finissaient de se *découvrir*, toutes les grâces de se *répandre* et tout l'amour de se *livrer*.

Notre Sauveur nous a tout donné ; quand dans ce seul acte de la Cène il s'est fait à la fois notre victime, notre nourriture et notre compagnon ; notre *Victime* pour être offerte jusqu'à la fin ; notre *Nourriture* pour être donnée à tous les hommes de tous les siècles, aux petits comme aux grands, aux pécheurs comme aux saints ; notre *Compagnon* pour nous guider, nous suivre sur toutes les plages, sur toutes les latitudes et vivre avec nous comme un père au milieu de ses enfants et un ami avec ses amis. Quand il a fait ce don qui embrasse toutes les plénitudes, celle de son être divin et humain, celle du temps et celle de l'espace ; alors, en retour, il fait à ses Apôtres, il nous fait en leur personne une humble, une touchante prière : « *Souvenez-vous de Moi !* »

Oui, pour le payer de cet amour qui revêttant de formes magnifiques, qui est si libéral, si *constant,* si magnanime, il ne nous demande qu'un souvenir ! Ne pas oublier qu'il est là ; nous souvenir qu'il est à notre disposition ; savoir qu'il nous attend et nous offre sans cesse tous ses biens, c'est tout ce qu'il lui faut, tout ce qu'il exige, tout ce qu'il sollicite de nous ! Il nous en prie, nous en conjure. « *Souvenez-vous de moi* ».

Ah ! qui redira tout ce qui s'épanche d'amour et de tendresse dans cette parole du Sauveur ! Avec quelle harmonie douce et puissante elle sonne à l'oreille du cœur ! Pauvres, infirmes, affligés, tentés, troublés découragés, aveugles. nus, affamés, pécheurs, vous tous, je vous le demande, pour vous et pour moi : « *Souvenez-vous de mon Eucharistie !* »

Sauveur de nos âmes, Jésus-Hostie, nous voulons nous souvenir de vous, nous en prenons en ce moment la ferme résolution. Mais vous savez ce que valent, ce que peuvent, ce que durent nos résolutions, si votre grâce ne les prévient et ne les soutient.

Faites donc tout ! accordez-nous cette grâce et gardez-la vous-même dans nos âmes, la grâce de nous *souvenir de vous.*

Ô Sauveur adorable ! donnez-nous de penser à vous dans votre sacrement, d'un souvenir constant, qui ne cède ni aux preocupations de notre travail, ni aux distractions de la vanité, ni aux entraînements du monde, ni à l'accablement de nos chagrins.

Donnez-nous de nous souvenir de votre Eucharistie partout, dans la solitude de nos demeures, dans nos familles, dans nos relations sociales, partout !

Que votre souvenir divin tempère et sanctifie nos joies et nos plaisirs ; qu'il adoucisse, surnaturalise, rende utiles et fécondes nos souffrances et nos larmes ! Enfin, Maître adoré, que notre vie soit toute entière instituée pour vous, dirigée vers vous, vivifiée par vous ! Soyez, ô Eucharistie, le soleil de notre existence, la lumière de notre esprit, la passion de nos cœurs, la sauvegarde de nos consciences, la pureté de nos intentions, le mobile de nos démarches, l'appui confiant de nos prières, notre foi, notre espérance et notre amour. [25]

Ô sainte Philomène ! obtenez-nous la grâce de répondre généreusement au *don* ineffable que Dieu nous fait dans son Eucharistie ; hélas nous ne lui offrons pas même notre pauvre cœur en échange du *sien* qu'il nous présente environné de flammes et tout consumé d'amour. Bien-aimée de Dieu, nous recourons à vous pour nous obtenir la ferveur et la fidélité qui nous manquent ; ce serait un prodige de plus à joindre à tant d'autres signes de votre puissante intercession, mais avec vous, chère Sainte, nous le savons, les miracles ne se *comptent* plus.

Huitième jour.

L'Immaculée-Conception.

Méditation.

Nous le savons depuis les jours de notre première enfance : il existe une créature bénie entre toutes et qui surpasse inexprimablement les autres, une créature plus élevée, dit l'Eglise, non seulement que les hommes à la famille desquels elle appartient et dont elle est l'honneur immortel, mais, que les anges et les plus hauts placés des anges ; une créature unique qui est seule de son rang, qui forme un monde à part, et que nos saints docteurs ne craignent pas d'appeler « *la première personne après Dieu* » : ce qui veut dire la plus grande, la plus sainte et la plus accomplie. Tout ce que Dieu sait, tout ce qu'il peut, tout ce qu'il aime, il semble qu'il l'ait mis en elle. Et cette créature, le chef-d'œuvre de Dieu, a un nom, un nom humain comme sa nature, mais en

[25] Le Père Tesnière. Manuel de l'adoration.

définitive un nom céleste, car le Ciel même le lui a donné. Cette créature se nomme *Marie.*

Ecoutons l'ordre de ses primautés. Marie est la première dans l'ordre des prédestinations, la première dans l'ordre de la grâce, la première dans l'ordre des vertus, dans l'ordre des fonctions, dans l'ordre de la gloire.

C'est d'elle, tige vivante, aimante et méritante, que devait sortir cette fleur, ce fruit d'éternelle vie, d'éternelle paix, d'éternelle joie qui est *Jésus de Nazareth,* fils de Dieu, fils de l'homme. Elle est prédestinée, *Mère du Christ,* et par conséquent *Mère de Dieu* comme on l'a défini à Ephèse. Oui dans cet entendement divin où tout ce qu'on déploie dans le temps a éternellement sa raison, sa loi, son origine, il y a des êtres si lumineux qu'on les dirait capables d'éclairer mille mondes. Cependant, ô Marie Immaculée, ô notre Mère ! si l'on compare au vôtre ces destins prodigieux, ils pâlissent, et tous ces astres sont comme éclipsés.

Au temps divinement marqué, cette *unique* de Dieu vient au monde, et il verse en cette nature déjà parfaite l'océan tout entier de ses dons surnaturels. C'est ce que l'archange veut dire quand, la saluant plus tard, il l'appelle *« pleine de grâce »,* et ce que nous devons vouloir dire lorsque nous la saluons après lui. Jamais le moindre souffle impur n'effleurera son être, jamais l'ombre d'une faute n'en ternira l'éclat. Elle est intègre, intacte, immaculée et non seulement dans sa Conception, mais dans sa vie entière. Selon toute l'étendue et tout le sens de ce mot elle est Vierge : vierge est son corps, vierge est son âme ; vierges sont ses puissances ; vierges sont ses pensées, ses amours et ses actes. Telle est d'ailleurs, même en son début, cette grâce qui la sanctifie, qu'elle dépasse en excellence la grâce consommée des plus grands Saints.

Mais cette primauté de grâce était pour fonder en Marie une vraie primauté de vertu. Dieu n'a pas déposé en elle un seul germe qui n'ait produit toute la moisson qu'il en attendait. Il ne lui a rien demandé qu'elle ne lui ait immédiatement et complètement donné ; rien conseillé, qu'elle ne se soit hâtée de choisir et de faire ; rien inspiré, qu'elle n'ait cru et accompli. Elle n'est pas sortie une seconde de sa pensée, de sa volonté, de son désir, de son regard. Elle ne lui a été qu'un miroir reflétant ses desseins, un sourire accueillant ses moindres bons plaisirs ; un *parfum* s'exhalant à mesure qu'il le respirait ; un *firmament* sans nuage dont les *innombrables étoiles,* donnant toute leur splendeur et gravitant invariablement dans leur ordre, formaient un concert tranquille, ininterrompu, délicieux.

La grâce de cette créature est un abîme qui, pour toute intelligence créée, n'a ni rivage, ni fond.

Ô Dieu ! qui avez orné la bienheureuse Philomène de la double couronne de la virginité et du martyre, accordez-nous d'honorer sa chasteté et son courage de manière à mériter, par sa constante protection, de vaincre le monde et d'obtenir la couronne éternelle, par Notre Seigneur Jésus-Christ. Ainsi soit-il.

Neuvième jour.

Marie mère de Jésus et la nôtre.

Méditation.

La Très Sainte Vierge Marie est la grande *élue,* la grande *sauvée, la préférée, l'Immaculée* de Dieu, sa *bien-aimée* et *l'unique* de son cœur ; elle est la *fille* des complaisances du Père, le paradis du Saint-Esprit, la *mère-vierge* du Verbe fait chair. *Mère de Jésus !* C'est là son plus beau titre de gloire, le point culminant de sa prédestination, le principe de toutes ses grandeurs, la cause des grâces comme infinies dont elle a été inondée.

Assise comme reine à la droite du roi son fils ; entrant ainsi dans la souveraineté de Jésus et partageant sa puissance, elle est là pour nous tous un trésor inépuisable, infini. Elle est plus qu'un trésor ouvert ; elle est un trésor livré et prodigué, jaillissant comme une source et s'écoulant semblable à un torrent. Elle va elle même au-devant des désirs et provoque les saintes importunités. En un mot, *ce trésor sans pareil est une mère.* Or qu'est-ce qui, dans une mère n'appartient pas à son enfant ? Son sein l'allaite, ses bras le portent, ses mains le caressent, ses yeux le veillent, sa bouche lui parle, ses lèvres le baisent après lui avoir souri, ses forces se dépensent pour lui et sans calcul, son temps lui est dévoué, son amour enfin lui livre tout en la lui livrant elle-même. La mère, nous le savons, est le trésor du fils. Or le fils ici c'est nous tous...

Si le fondement de la maternité universelle de Marie fut posé à Bethléem, en cette nuit mémorable où elle mit le nouvel Adam au monde, Dieu ne la couronna qu'au Calvaire. La Sainte Vierge, n'était mère ici qu'à la condition d'être victime, victime avec Jésus, par qui d'abord tous sont rachetés. Elle n'entrait en participation de la fécondité divine de son fils qu'en participait à son sacrifice. Elle s'y donna, elle s'y livra et avec une plénitude, une perfection, une charité dont Dieu seul sait la mesure et dont nous recevons l'inestimable bienfait.

Nous sommes donc tous les enfants de Marie et notre Crèche c'est le pied de la Croix. Est-il téméraire de penser qu'éternellement les anges nous envieront ce bonheur et cette gloire ? Car il est bien certain que Marie est leur reine ; elle a pour eux un grand amour, mais enfin ils n'ont pas, comme nous, sa nature, ils n'appartiennent point à sa race ; à ce titre elle n'est point leur mère, et aucun d'eux, pas plus le premier des séraphins que le dernier des anges, n'est en droit de lui donner ce nom et de se poser avec elle dans la douce relation qui s'y fonde.

Oh ! que cette maternité de Marie est profonde ! qu'elle est vaste, qu'elle est sûre, qu'elle est opulente ; qu'elle est délicieuse !

Il n'y a au-dessus d'elle, en fait d'amour fidèle, dévoué, puissant, que cette paternité du Père céleste d'où toutes les autres dérivent, car s'il est vrai qu'en ceci le Cœur de Jésus est plus parfait encore que celui de Marie, cependant, en la faisant asseoir à sa droite, il élève miséricordieusement au niveau du sien le cœur de cette mère qui est la sienne et la nôtre.

Cette maternité de Marie, nous le savons, est autre chose encore qu'une compassion, qu'une clémente et inépuisable indulgence ; elle est une force, un secours, un bienfait... A Dieu, à Jésus lui-même l'œuvre de la justice ; mais à la Vierge, à Marie, l'œuvre de la miséricorde. Par office, elle est avocate ; l'Eglise entière la salue de ce nom. Enfin elle est femme, elle est mère et semble n'avoir été constituée Mère de Dieu que pour devenir aux hommes une mère meilleure. Oh ! non ! nous ne saurons qu'en paradis ce que c'est que d'avoir Marie pour mère ! Tâchons dès ce monde de nous en pénétrer si bien que, de notre âme, ce sentiment, cette conviction, cette sainte confiance passent dans le cœur de tous les nôtres, et nous verrons pour eux comme pour nous cet oracle des Saints s'accomplir : *"Un enfant de Marie ne périra jamais."*

Ô Dieu ! nous vous en supplions, faites-nous miséricorde, et accordez-nous par l'intercession de sainte Philomène, la grâce d'être, comme elle, assistée par la Vierge Immaculée, dans les derniers combats que nous livrera l'ennemi de notre salut. Ainsi soit-il.

Sixième partie

(Suite)

Triduum d'actions de grâces.
Révélations in extenso de la vénérable sœur Marie de Jésus.

Chapitre 2

Triduum d'actions de grâces.

Premier jour

de la reconnaissance.

La *Reconnaissance* est un sentiment naturel chez les âmes grandes et généreuses ; tandis que l'ingratitude est le cachet des cœurs égoïstes, froids, il faut même le dire, *orgueilleux :* car la reconnaissance est pour eux une sorte d'humiliation dont ils rejettent le poids.

Nous sommes, tous, les *obligés* du Dieu qui nous a *créés, rachetés, sanctifiés* et dès lors tous nos actes devraient porter le sceau indélébile de *l'Action de grâces.*

Notre Seigneur Jésus-Christ après avoir guéri dix lépreux, dit à celui qui seul vint le remercier d'avoir exaucé sa prière : « *Tous n'ont-ils pas été guéris ? où sont donc les neuf autres ?* » Ah ! ne soyons pas de ces *autres* qui, après avoir été éxaucés oublient de manifester leur gratitude au bienfaiteur divin, ne songeant seulement pas à quel point ils sont *les favorisés* de la Providence. Pour nous essayons de compter, si nous le pouvons les *bienfaits* reçus du côté de la Foi.

Combien d'âmes qui en sont privées, tandis que nous en jouissons dans toute leur plénitude. Les *bienfaits particuliers,* qui se multiplient chaque jour à l'infini et qu'il serait trop long d'énumérer... Les *bienfaits* sans nombre provenant de la sainte Communion surtout, qui, en nous unissant substantiellement à Notre Seigneur Jésus-Christ, devient pour notre âme le gage de la vie éternelle. Que dire encore de ce *don ineffable* que nous a fait le Sauveur sur la croix, de Marie, sa sainte Mère, pour devenir la nôtre ?... Etre les enfants de cette Vîerge lmmaculée, quel privilège ! quelle gloire ! quelle consolation dans nos prières, quelle force dans les *dangers !* quel secours dans les *tentations,* quel modèle à imiter ! quelle mère enfin à *aimer !*

La médiation des Saints est encore un grand bienfait, un légitime sujet de reconnaissance ; aussi, lorsque nous avons eu recours avec le succès promis à la *Prière de la Foi,* ne manquons pas de leur donner des preuves de notre amour reconnaissant, autrement nous risquerions de perdre nos droits à leur puissante protection.

Litanies. [26]

Seigneur, ayez pitié de nous.

Jésus-Christ ayez pitié de nous.

Seigneur, ayez pitié de nous.

Jésus-Christ, écoutez-nous.

Jésus-Christ, exaucez-nous.

Père céleste, qui êtes Dieu, ayez pitié de nous.

Fils, rédempteur du monde, qui êtes Dieu, ayez pitié de nous.

---

[26] En usage dans le diocèse d'Ars, approuvées par Mgr l'évêque de Belley.

Saint-Esprit, qui êtes Dieu, ayez pitié de nous.

Sainte Trinité, qui êtes un seul Dieu, ayez pitié de nous.

Sainte Marie Reine des Vierges, priez pour nous.

Sainte Philomène qui, jeune encore avez été agréable à Dieu, priez pour nous.

Sainte-Philomène, qui avez loué votre virginité à Jésus-Christ, priez pour nous.

Sainte Philomène, dont le cœur fut constamment en garde contre la vanité, priez pour nous.

Sainte Philomène, qui m'avez désiré de plaire qu'à Jésus-Christ, priez pour nous.

Sainte Philomène, qui avez vaincu le péché et le monde, priez pour nous.

Sainte Philomène, qui avez fait généreusement à Dieu le sacrifice de vos affections les plus chères, priez pour nous.

Sainte Philomène, inébranlable à la vue des tourments, priez pour nous.

Sainte Philomène, pleine de confiance en la grâce de Dieu, priez pour nous.

Sainte Philomène qui avez livré généreusement votre tête au fer des bourreaux, priez pour nous.

Sainte Philomène, puissante dans le Ciel, priez pour nous.

Du malheur de perdre la foi, preservez-nous, sainte Philomène.

De la lâcheté dans le service de Dieu, préservez-nous, sainte Philomène.

D'une volonté faible dans le bien, préservez-nous, sainte Philomène.

De l'amour du monde et de la vanité, préservez-nous, sainte Philomène.

Du démon de l'orgueil, préservez-nous, sainte Philomène.

Du démon de l'impureté, préservez-nous, sainte Philomène.

De l'amour désordonné de nous-même, préservez-nous, sainte Philomène.

Du respect humain, préservez-nous, sainte Philomène.

Du danger des mauvais exemples, préservez-nous, sainte Philomène.

Du malheur de préférer le service du monde au service de Dieu, préservez-nous sainte Philomène.

Agneau de Dieu, qui effacez les péchés du monde, pardonnez-nous Seigneur.

Agneau de Dieu, qui effacez les péchés du monde, exaucez-nous Seigneur.

Agneau de Dieu, qui effacez les péchés du monde, ayez pitié de nous, Seigneur.

V. Priez, pour nous, sainte Philomène.

R. Afin que nous soyions dignes des promesses de Jésus-Christ.

Oraison.

Ô glorieuse Vierge, ô invincible Martyre ! sainte Philomène, vous qui, pour l'amour de Jésus, votre époux, avez enduré tant de tourments, donné votre sang et votre vie en confirmation de cette religion que j'ai moi-même le bonheur de professer, obtenez-moi une foi vive, une espérance ferme, une ardente charité et une vive reconnaissance pour les grâces que vous m'avez obtenues, afin que, servant fidèlement Notre Seigneur Jésus-Christ pendant la vie, j'aie le bonheur de le voir éternellement après ma mort. Ainsi soit-il.

Second jour

de l'oraison.

L'oraison est un entretien de l'âme avec son Dieu. Elle revêt différentes formes ; mais le fond de cette définition reste toujours le même. Il faut apporter à ce pieux exercice une foi vive, une confiance toute filiale et une profonde humilité, car la prière de celui qui s'humilie pénètre les Cieux.

Ah ! quel secours pour nous que l'oraison, dans nos tentations, dans nos peines. Au fond de toute tentation il y a l'enfer ; mais à la cime de toute prière il y a Dieu. Une âme ne prie jamais sans que Dieu ne se rende activement présent en elle ; c'est-à-dire sans qu'il s'y fasse quelque nouvelle et plus efficace opération.

Quel service de charité nous pouvons rendre à nos frères par nos pieux suffrages. Parler des hommes à Dieu, c'est bien doux à l'amour. On est si sûr, quand on les aime, de s'entendre avec lui ! ses desseins sur tous ces chers *clients* de notre cœur vont au delà de toutes nos ambitions ; ses désirs de leur faire du bien précèdent éternellement les nôtres. On le soulage en l'implorant ; plus est grande en ceci la violence qu'on lui fait, plus est vive la joie qu'on lui cause et rien ne jaillit si amoureusement de son cœur que ce qu'il désire *qu'on lui arrache*. On peut demander à Dieu des biens temporels ; mais dans la mesure où ils portent à notre sanctitication et à notre salut. C'est *par-dessus le marché,* pour ainsi dire, que Dieu nous les accorde, et nous en devons être tellement persuadés, comme aussi de sa fidélité à nous départir ceux qui nous sont nécessaires ou utiles, que, tout en les lui demandant, nous nous remettions complètement à lui sur ce point sans l'ombre même d'une inquiétude. Que nos demandes embrassent un vaste horizon car l'impétration est aussi une des formes de la prière. Souvenons-nous, dans nos entretiens intimes avec le bon Dieu, de la sainte Église notre mère, du Souverain Pontife, le père commun de tous les fidèles. Que notre oraison plus rapide que la vapeur fasse le tour du monde pour en soulager les douleurs ! qu'elle aille à *tire d'aile* vers les pauvres âmes du Purgatoire qui attendent de notre charité l'ouverture de leurs brûlantes prisons, et que, semblable à une flèche qui fend les airs, elle s'élance vers le cœur même de Dieu pour vaincre ses résistances apparentes et en obtenir les faveurs qu'elle sollicite de sa bonté.... mais pour rendre nos supplications plus efficaces, adressons-nous à Marie, elle est la Souveraine du Ciel et l'intendante de Dieu lui-même... Confiance donc, cette tendre mère nous remettra elle-même les grâces que nous implorons avec *persévérance et foi.*

Litanies. [27]

Seigneur, ayez pitié de nous.

Jésus-Christ, ayez pitié de nous.

Seigneur, ayez pitié de nous.

Jésus-Christ, écoutez-nous.

Jésus-Christ, exaucez-nous.

Père Céleste, qui êtes Dieu, ayez pitié de nous.

Fils de Dieu, Rédempteur du monde, ayez-pitié de nous.

Saint-Esprit, vrai Dieu, ayez pitié de nous.

---

[27] *Amour et confiance,* recueil de prières.

Trinité Sainte, qui êtes un seul Dieu, ayez pitié de nous.

Sainte Vierge Marie, Reine des Martyrs, priez pour nous.

Sainte Philomène, enfant de bénédiction, priez pour nous.

Sainte Philomène, qui avez été la bien-aimée de Dieu, priez pour nous.

Sainte Philomène, qui, dès votre enfance, avez choisi Jésus-Christ pour votre époux, priez pour nous.

Sainte Philomène, qui avez méprisé avec un courage héroïque les plus grands honneurs pour rester à Jésus-Christ, priez pour nous.

Sainte Philomène, dont les promesses et les menaces ne purent ébranler la foi et l'amour pour Jésus-Christ, priez pour nous.

Sainte Philomène, dont ni les prières d'un père, ni la tendresse d'une mère ne purent diminuer la constance, priez pour nous.

Sainte Philomène, qui, par votre amour dans les souffrances, avez mérité d'être consolée par Jésus et Marie, priez pour nous.

Sainte Philomène, dont l'ardeur pour endurer de nouveaux tourments augmentait chaque jour, priez pour nous.

Sainte Philomène, que Dieu confia à la garde des anges, et qui, par leur secours, avez terrassé plusieurs fois la rage de vos persecuteurs, priez pour nous.

Sainte Philomène, dont Dieu se plaît à faire éclater la gloire par de continuelles merveilles, priez pour nous.

Sainte Philomène, qui avez enduré plusieurs sortes de martyres par les différents supplices qu'on vous fit souffrir, priez pour nous.

Sainte Philomène, qui, par votre exemple, avez attiré plusieurs âmes à la foi, priez pour nous.

Sainte Philomène, qui avez été comme Jésus liée à une colonne et frappée de verges, priez pour nous.

Sainte Philomène, parfait modèle des vierges chrétiennes, priez pour nous.

Sainte Philomène, qui protégez d'une manière particulière ceux qui vous honorent, priez pour nous.

Sainte Philomène, que l'Eglise honore et révère comme une illustre Vierge et Martyre de Jésus-Christ, priez pour nous,

Sainte Philomène, qui jouissez d'une gloire immortelle, priez pour nous.

Agneau de Dieu, qui effacez les péchés du monde pardonnez-nous, Seigneur. Agneau de Dieu, qui effacez les péchés du monde, exaucez-nous, Seigneur.

Agneau de Dieu, qui effacez les péchés du monde, ayez pitié de nous, Seigneur. Priez pour nous, sainte Philomène, afin que nous consacrions, comme vous, toute notre vie à l'amour de Jésus-Christ.

Oraison.

Ô grande sainte Philomène, nous ne voulons pas nous montrer ingrats après les bienfaits reçus de votre tutélaire munificence et c'est avec tout l'élan d'une âme reconnaissante que nous venons vous dire merci. Ô merci ! d'avoir exaucé nos prières ; et, pour répondre à votre désir de nous protéger toujours, nous vous demanderons, ô heureuse Vierge, parée de tous les charmes de l'innocence, et embellie encore par la pourpre du martyre, de nous obtenir la grâce de tout souffrir, de tout sacrifier au bonheur d'être fidèle à Dieu jusqu'à la mort, afin de le posséder éternellement dans les joies du Paradis.

Troisième jour

de la vaillance chrétienne.

Il y a une vaillance militaire, il y a de même une vaillance chrétienne. Ah ! que les Saints, surtout les enfants de la foi y ont excellé ! prions Dieu de la mettre en notre âme en nous donnant son esprit de force, et quand nous l'aurons recue, gardons-la à tout prix. Au fond, cette vaillance n'est que *l'énergie* de l'amour, *le signe* de son intensité la *flamme* de sa ferveur, donc combien n'est-elle pas désirable !

La vaillance chrétienne est l'ennemi du respect humain, cette défaillance de l'âme qui lui fait rendre les armes avant d'avoir combattu, elle le poursuit à outrance, elle ne lui laisse ni trêve, ni repos, avec elle on fait courageusement à Dieu le sacrifice de tout ce qui mettrait obstacle à son action, la *générosité* est sa fidèle compagne, *la loi de Dieu* son guide et son *bouclier. Tout pour Jésus* est son signe de ralliement. Avec elle on peut dire comme l'apôtre : *« Je ne lance pas de coups en l'air, tous ont une portée sûre ».*

Au fond, cette question de la vie et de la mort éternelle est pour nous une question de force ou de lâcheté et le but de toutes ces années que la bonté divine nous permet de passer sur la terre, c'est de mettre Dieu et nous à même de constater si définitivement nous avons assez de courage *pour monter* ou assez peu de cœur pour descendre. Il n'y a ici-bas et il ne peut y avoir que *des victorieux* et des *vaincus :* ce qui revient à dire : des courageux et des pusillamines, des vaillants et des lâches. Il ne sera rendu à chacun que suivant la mesure de ses œuvres, c'est-à-dire, celle de son travail et ce travail suppose, l'effort et le courage, car il est écrit : *« le royaume de Dieu souffre violence, et ce sont les violents qui l'emportent. »*

Ces violents ont cependant la douceur de l'Agneau. Cette union ne se rencontre que dans les âmes assez détachées d'elles-mêmes pour repousser le mal en tant qu'il offense Dieu sans blesser jamais la main qui le frappe au cœur. Contraste admirable d'une fermeté à toute épreuve et de cette incomparable mansuétude qui triomphe des cœurs les plus endurcis et donne aux actes, aux paroles des vaillants du Seigneur, une force et un charme irrésistibles.

Litanies. [28]

Seigneur, ayez pitié de nous.

Jésus-Christ, ayez pitié de nous.

Seigneur, ayez pitié de nous.

Jésus-Christ, écoutez-nous.

Jésus-Christ, exaucez-nous.

Père Céleste qui êtes Dieu, ayez pitié de nous.

Fils de Dieu Rédempteur du monde, ayez pitié de nous.

Saint-Esprit, qui êtes Dieu, ayez pitié de nous.

Sainte Trinité qui êtes un seul Dieu, ayez pitié de nous.

Sainte Marie Reine des Vierges, priez pour nous.

Sainte Philomène, dont la naissance récompensa la foi de vos parents, priez pour nous.

Sainte Philomène, qui, jeune encore, avez été agréable à Dieu par votre fidélité, priez pour nous.

Sainte Philomène, qui avez voué votre virginité à Jésus-Christ, priez pour nous.

Sainte Philomène, dont le cœur fut constamment en garde contre la vanité, priez pour nous.

Sainte Philomène, qui n'avez désiré de plaire qu'à Jésus-Christ, priez pour nous.

---

[28] *En usage dans l'église saint-Gervais de Paris.*

Sainte Philomène, qui avez vaincu la chair et le monde, priez pour nous.

Sainte Philomène, qui avez fait généreusement à Dieu le sacrifice de vos affections les plus chères, priez pour nous.

Sainte Philomène, inébranlable à la vue des tourments, priez pour nous.

Sainte Philomène, pleine de confiance en la grâce de Dieu, priez pour nous.

Sainte Philomène, consolée dans votre prison par l'Immaculée Vierge, priez pour nous.

Sainte Philomène, flagellée comme votre divin Époux, priez pour nous.

Sainte Philomène, percée d'une grêle de dards, priez pour nous.

Sainte Philomène, guérie miraculeusement dans la prison, priez pour nous.

Sainte Philomène conduite pour être précipitée dans le Tibre, priez pour nous.

Sainte Philomène, miraculeusement transportée par les anges sur le rivage, priez pour nous,

Sainte Philomène, inaccessible, par la protection divine aux dards enflammés, priez pour nous.

Sainte Philomène, qui, par votre admirable constance, avez converti les témoins de vos divers supplices, priez pour nous.

Sainte Philomène, qui avez livré généreusement votre tête au fer du bourreau, priez pour nous.

Sainte Philomène, puissante dans le Ciel, priez pour nous.

Du malheur de perdre la foi, préservez-nous, sainte Philomène.

D'une coupable indifférence pour la religion, préservez-nous, sainte Philomène.

De la lâcheté au service de Dieu, préservez-nous, sainte Philomène.

D'une volonté faible dans le bien, préservez-nous sainte Philomène.

De l'amour du monde et de la vanité, préservez-nous, sainte Philomène.

Du démon de l'orgueil, préservez-nous, sainte Philomène.

Du démon de l'impureté, préservez-nous, sainte Philomène.

De l'amour désordonné de nous-mêmes, préservez-nous, sainte Philomène.

Du respect humain, préservez-nous sainte Philomène.

Du danger des mauvais exemples, préservez-nous, sainte Philomène.

Du malheur de préférer le service du monde au service de Dieu, préservez-nous, sainte Philomène.

Agneau de Dieu, qui effacez les péchés du monde, pardonnez-nous, Seigneur.

Agneau de Dieu, qui effacez les péchés du monde, exaucez-nous, Seigneur.

Agneau de Dieu, qui effacez les péchés du monde, ayez pitié de nous, Seigneur.

Priez pour nous, sainte Philomène. Afin que nous soyons faits dignes des promesses de Jésus-Christ.

Oraison.

Ô grande Sainte ! nous venons à vos pieds vous témoigner notre reconnaissance pour les grâces que nous devons à votre intercession. Accordez-nous toujours votre tutélaire secours pour la pratique des vertus sans lesquelles nous ne saurions aller vous rejoindre au Ciel. Ainsi soit-il.

Chapitre 3

Révélations de la vie et du martyre de Sainte Philomène.

Cédant au transport qui m'entraîne,
Je viens au pied de son autel,
Admirer en toi, Philomène,
La puissance de l'Eternel.

Un jour, rapporte Dom François, que la sœur Marie-Louise était en oraison pour obtenir que sainte Philomène daignât lui faire connaître les détails de sa vie et de son glorieux trépas, la Sainte, cédant à ses ardents désirs, lui apparut et lui fit le récit suivant :

« Je suis fille, ma chère sœur, d'un prince qui gouvernait un petit Etat de la Grèce. Ma mère était aussi de sang royal et comme ils étaient sans enfants, l'un et l'autre encore idolâtres offraient continuellement à leurs fausses divinités, pour en avoir, des sacrifices et des prières. Un médecin de Rome, nommé Publius, aujourd'hui au Paradis, vivait dans le palais et était au service de mon père. Il faisait profession de Christianisme. Voyant l'affliction de mes parents, et vivement touché de leur aveuglement, il se mit, par l'impulsion du Saint-Esprit, à leur parler de notre foi, et alla jusqu'à leur promettre une posterité s'ils consentaient à recevoir le baptême.

La grâce dont ces paroles étaient accompagnées éclaira leur entendement, triompha de leur volonté ; et, s'étant faits chrétiens, ils eurent le bonheur si désiré dont Publius avait promis que leur conversion serait le gage.

Je naquis le *10 janvier*. Le jour de mon baptême, on m'appela *Filumena*, ou *fille de lumière (filla luminis)*, puisque ce jour-là je naissais à la lumière de la foi.

La tendresse que me portaient mon père et ma mère était si grande qu'ils voulaient toujours m'avoir auprès d'eux. Ce fut la raison pour laquelle ils m'enmenèrent à Rome, dans un voyage que mon père se vit contraint de faire à l'occasion d'une guerre injuste dont il se voyait menacé par l'orgueilleux Dioclétien. J'avais alors treize ans. Arrivés dans la capitale du monde, nous nous rendîmes tous les trois au palais de l'empereur, qui nous admit à son audience. Aussitôt que Dioclétien m'eut aperçue, ses regards s'attachèrent sur moi, et il parut ainsi préoccupé pendant tout le temps que mit mon père à lui développer avec chaleur ce qui pouvait servir à sa défense. Dès qu'il eût cessé de parler, l'empereur lui répondit qu'il n'eût plus à s'inquiéter, mais que, bannissant désormais toute crainte, il ne songeât plus qu'à vivre heureux. « *Je mettrai,* ajouta-t-il, *à votre disposition, toutes les forces de l'empire, et en retour, je ne vous demande qu'une chose : c'est la main de votre fille* ». Mon père, ébloui par un honneur auquel il était bien loin de s'attendre, accéda sur le champ bien volontiers à la proposition de l'empereur, et quand nous fûmes rentrés dans notre demeure, ils firent ma mère et lui, tout ce qu'ils purent pour me faire condescendre à la volonté de Dioclétien et à la leur.

« *Quoi donc !* leur dis-je, *voulez-vous que, pour l'amour d'un homme, je manque à la promesse que j'ai faite à Jésus-Christ, il y a deux ans ? Ma virginité lui appartient, je ne saurais plus en disposer.* » – « *Mais, me répondait mon père, vous étiez alors trop enfant pour contracter un tel engagement* » ; et il joignait les plus terribles menaces à l'ordre qu'il me donnait d'accepter la main de Dioclétien. La grâce de mon Dieu me rendit invincible et mon père, n'ayant pu faire agréer à ce prince les raisons qu'il lui alléguait pour se dégager de la parole donnée, se vit obligé, par son ordre à me conduire devant lui.

Mais auparavant, j'eus à soutenir de la part de mon père un nouvel assaut de fureur et de tendresse. Ma mère, de concert avec lui, s'efforça de vaincre ma résolution. Caresses, menaces, tout fut employé pour me séduire. Enfin, je les vis, l'un et l'autre tomber à mes genoux, et me dire, les larmes aux yeux : *« Chère fille, aie pitié de ton père, de ta mère, de ta patrie, de nos sujets ! – Non, non !* leur répondis-je, *Dieu et la virginité que je lui ai vouée, avant tout, avant vous, avant ma patrie ! Mon royaume, c'est le Ciel ! »*

Ces paroles les plongèrent dans le désespoir, et ils me conduisirent à l'empereur. Celui-ci fit également tout ce qui était en son pouvoir pour me gagner ; mais ses promesses, ses séductions et ses menaces furent inutiles. Il entra alors dans un violent accès de colère, et, poussé par le démon, il me fit jeter dans une prison de son palais, où bientôt je me vis couverte de chaînes. Croyant que la douleur et la honte affaibliraient le courage que m'inspirait mon divin Époux, il venait me voir tous les jours ; et alors, après m'avoir fait détacher, pour que je prisse le peu de pain et d'eau qu'on me donnait pour toute nourriture, il recommençait ses attaques. Les défaites qu'il éprouvait toujours étaient pour moi le prélude de nouveaux supplices ; mais la prière me soutenait ; je ne cessais de me recommander à mon Jésus et à sa très pure Mère.

Ma captivité durait depuis trent-sept jours quand, au milieu d'une lumière céleste, je vis Marie tenant son divin Fils entre ses bras « *Ma fille,* me dit-elle, *encore trois jours de prison et après ces trois jours, tu sortiras de cet état pénible* ». Une si heureuse nouvelle me fit battre le cœur de joie ; mais comme la Reine des Anges avait ajouté que j'en sortirais pour soutenir, dans d'affreux tourments un combat plus terrible encore que les précédents, je passai subitement de la joie aux plus cruelles angoisses ; je crus qu'elles allaient me faire mourir. « *Courage donc ma fille,* me dit alors Marie, *ignores-tu l'amour de prédilection que j'ai pour toi ? Le nom que tu reçus au baptême en est le gage, par la ressemblance qu'il a avec celui de mon*

Fils et avec le mien. Tu t'appelles Lumena, comme ton époux s'appelle Lumière, Étoile, Soleil ; comme je suis appelée, moi aussi, belle Aurore, Lune, dans la plénitude de son éclat. Ne crains pas, je t'aiderai. Maintenant la nature, dont la faiblesse t'humilie, revendique ses droits ; au moment du combat, la grâce te prêtera sa force, et ton ange qui fut aussi le mien, Gabriel, dont le nom exprime la force, viendra à ton secours ; je te recommanderai spécialement à ses soins comme ma fille bien-aimée entre toutes ». Ces paroles de la Reine des Vierges me rendirent le courage et la vision disparut, en laissant ma prison remplie d'un parfum tout céleste.

Ce qui m'avait été annoncé ne tarda point à se réaliser. Dioclétien, désespérant de me fléchir, prit la résolution de me faire tourmenter publiquement. Le premier supplice auquel il me condamna fut celui de la flagellation. « *Puisqu'elle n'a pas honte,* disait-il, *de préférer à un empereur tel que moi, un malfaiteur condamné par sa nation à une mort infâme, elle mérite que ma justice la traite comme il fut traité ».*

Il ordonna donc que l'on me dépouillât de mes vêtements, que l'on me liât à une colonne et en présence d'un grand nombre, de gentilshommes de sa cour, il me fit battre avec tant de violence que mon corps tout sanglant n'offrait plus qu'une plaie. Le tyran s'étant aperçu que j'allais tomber en défaillance et mourir, me fit aussitôt éloigner de ses yeux et traîner de nouveau en prison, où il croyait que j'y rendrais le dernier soupir. Mais il fut trompé dans son attente, comme je le fus dans le doux espoir que j'avais d'aller bientôt rejoindre mon Époux. Car deux anges, resplendissants de lumière, m'apparurent et, versant un baume salutaire sur mes plaies me rendirent plus vigoureuse que je ne l'étais avant le tourment.

Le lendemain matin, l'empereur en fut informé ; il me fit venir en sa présence, me considéra avec étonnement, puis chercha à me persuader que j''étais redevable de ma guérison à Jupiter qu'il adorait : « *Il vous veut absolument,* disait-il, *Impératrice de Rome »,* et, joignant à ces paroles séduisantes les promesses les plus honorables et les plus flatteuses, il s'efforçait de consommer l'œuvre d'enfer qu'il avait commencée. Mais le divin Esprit, auquel j'étais redevable de ma constance, me remplit alors de tant de lumières, qu'à toutes les preuves que je donnais de la solidité de notre foi, ni Dioclétien, ni aucun de ses courtisans ne trouvèrent rien à répondre. L'Empereur entra de nouveau en fureur, et commanda que l'on m'ensevelit, une ancre au cou, dans les eaux du Tibre. L'ordre s'exécuta, mais Dieu permit qu'il ne pût réussir ; car, au moment où l'on me précipitait dans le fleuve, deux anges vinrent à mon secours, et après avoir coupé la corde qui m'attachait à l'ancre, tandis que celle-ci tombait au fond de la rivière où elle est restée jusqu'à présent, ils me transportèrent doucement, à la vue d'un peuple immense, sur les bords du fleuve. Ce prodige opéra d'heureux effets sur un grand nombre de spectateurs, qui se convertirent à la foi. Mais Dioclétien, l'attribuant à quelque prestige magique, me fit traîner à travers les rues de Rome ; ensuite il ordonna que l'on décochât contre moi une grêle de traits. J'en étais toute hérissée ; mon sang coulait de toutes parts ; épuisée, mourante, il commanda qu'on me reportât dans mon cachot. Le Ciel m'y honora d'une nouvelle grâce.

J'entrai dans un doux sommeil et je me trouvai à mon réveil, parfaitement guérie. Dioclétien l'apprit : « *Eh bien !* s'écria-t-il dans un accès de rage, *qu'on la perce une seconde fois de dards aigüs et qu'elle meure dans ce supplice !* » on s'empressa de lui obéir. Les archers bandèrent leurs arcs et rassemblèrent toutes leurs forces ; mais les flèches se refusèrent à les seconder. L'Empereur était présent ; il écumait de rage à ce spectacle ; il m'appelait magicienne, et croyant que l'action du feu pourrait détruire l'enchantement, il ordonna que les dards fussent rougis dans une fournaise et dirigés ensuite une seconde fois contre moi. Ils le furent en effet, mais ces dards après avoir traversé une partie de l'espace qu'ils devaient parcourir, prenaient tout à coup la direction contraire et venaient frapper ceux qui les avaient lancés. Si des archers en moururent, plusieurs d'entre eux renoncèrent au paganisme, et le peuple se mit à rendre un témoignage public à la puissance de Dieu qui m'avait protégée. Ces murmures et ces acclamations firent craindre au tyran quelqu'accident plus fâcheux encore et il se hâta de terminer mes jours en ordonnant qu'on me tranchât la tête. Ainsi mon âme s'envola vers son céleste époux qui, avec la couronne de la virginité et la palme du martyre, me donna un rang élevé parmi les élus qu'il fait jouir de sa divine présence.

Le jour si heureux pour moi de mon entrée dans la gloire, fut un vendredi ; et l'heure de ma mort la troisième après midi, c'est-à-dire la même qui vit expirer mon adorable maître. »

Arrivée au terme de notre travail entrepris en l'honneur de la Vierge de *Mugnano,* nous faisons appel à tous ses dévots serviteurs, pour qu'unis dans un même sentiment de confiance et d'amour envers notre glorieuse patronne nous lancions vers le Ciel, d'une commune voix, comme d'un même cœur, ce cri sorti pour la premiere fois du fond des catacombes : *« Sainte Philomène, Vierge et Martyre, priez pour nous. »*

Tous les articles de dévotion à Sainte Philomène sont disponibles à nos Éditions :

médailles, statues, cordon béni, huile bénite, chapelet, priant plastifié neuvaine et prière à Sainte Philomène.

Veuillez s'il vous plaît nous contacter :

Éditions Saint Jean – Librairie Chrétienne
La Croix de Coujouls
19220 AURIAC

Tèl. : 05.55.28.02.01
Fax : 05.55.28.39.78

Table des matières.

Quatrième partie

Cinquième partie

Sixième partie

Les Editions Saint Jean ✝ Librairie Chrétienne

La Croix de Coujouls 19220 AURIAC
FRANCE
Tél : 05 55 28 02 01 Fax : 05 55 28 39 78

vous proposent leurs ouvrages
dans la collection « Prière et Dévotion »

Saint Jean l'Apôtre bien aimé
en compagnie de Jésus

Titres déjà parus dans la collection « Prière et Dévotion » -

« L'Imitation de la Sainte Vierge »

Père Alexandre- Joseph Derouville, Jésuite :

Sur le modèle de l'Imitation de Jésus-Christ, voici une réédition intégrale et actualisée avec imprimatur du Cardinal Van Roey. Les plus belles prières à Marie, traditionnelles et actuelles. **Format 14.5 X 20.5 cm - 364 pages - Prix 20 €**

« Baudoin et Fabiola - Le Règne de l'Amour »

Don Raymond :

Ce tendre Cœur à Cœur du Roi Baudoin et de la Reine Fabiola rayonnant à tout un peuple embrasera le lecteur, tel un merveilleux Livre d'Or du Couple Chrétien.
A offrir aux jeunes, aux fiancés, aux mariés, aux familles...
Option classique brochée : toilée or sur pourpre, encre brune à l'ancienne sur bouffant, illustrations originales : format 15X21cm, 160 pages 15 €
Option luxe reliée : façon cuir fauve, fers or, dos rond, doré sur les trois tranches, encre brune, illustrations : format 22X16cm, 160 pages, prix 25 €

Le Mois de Saint Joseph

selon Saint Alphonse de Liguori :
Vous souhaitez un heureux mariage, du travail, une maison... St Joseph vous aidera !
Guide pratique de dévotion à Saint Joseph. Utile pour le mois de Mars et à tout moment.Format : 14.5 x 20.5 cm - 226 pages - 12 €

Le Mois de Marie

par l'Abbé Robert, Chanoine :
Au mois de Mai et à tout moment, ce livre sera un guide précieux pour nous aider à vivre une retraite de 31 jours avec Notre Dame. Un livre indispensable pour aimer et faire aimer Marie ! Format : 14.5 x 20 cm - 333 pages - 15 €

Un mois avec Saint Michel Archange

par l'abbé Videloup :

En Septembre et à tout moment de l'année, vivons un mois dans l'intimité de St Michel : une prière, une méditation et une histoire de l'intervention de St Michel. Format : 20 x 14.5 cm - 196 pages - 10 €

Le mois du Sacré-Cœur de Jésus

par Saint Alphonse de Liguori :

Chaque jour du mois de Juin dédié au Sacré-Cœur de Jésus, et à tout autre mois de l'année, entrons dans ce grand mystère de l'Amour Divin. Format : 20 x 14.5 cm - 226 pages - 12 €

L'Imitation du Sacré-Cœur de Jésus

par le Père Arnold, Jésuite :

A méditer spécialement en Juin mois consacré au Sacré-Cœur, et tout au long de l'année. Ces enseignements puisent leur source directement dans le Cœur de Jésus, qui veut par ce biais enflammer et guérir nos cœurs, si froids, si indifférents, si meurtris... Format : 20 x 14.5 cm - 514 pages - 20 €

Bouquet à l'Immaculée

les plus beaux éloges à Marie des écrivains Chrétiens de tous les temps :

Un magnifique bouquet de fleurs cueillies dans les immenses jardins de la théologie, de l'éloquence, de l'ascétisme, de la poésie, que l'amour et la foi se sont plu à créer et à embellir en l'honneur de la très Sainte Vierge. Format : 24 x 14.5 cm - 350 pages - 20 €

Providence dans l'ordre surnaturel-Tendresse du Cœur de Dieu

Par l'Abbé Joseph Marion :

Ce livre est un véritable trésor puisé à la source vive de la Sainte Ecriture. Il nous enseignera sur les richesses infinies de la Divine Providence qui guide les moindres détails de nos vies. Format : 24 X 14 cm - 366 pages - 20 €

Notre Mère du Ciel parle à ses enfants de la Terre

Le lecteur aura la joie de découvrir dans ce recueil l'intégralité des messages donnés à la Paroisse de Medjugorje, à partir du 1er Mars 1984 jusqu'à nos jours. Format : 20 x 14.5 cm - 190 pages - 8 €

Bonheur et souffrances des Saintes âmes du Purgatoire

par Le Révérend Père Etienne Binet :

Peu d'âmes vont directement au Ciel !

Ce livre est donc précieux pour connaître et préparer notre avenir, éviter le Purgatoire ou au moins diminuer ce temps de purification. <u>De nombreuses prières efficaces pour le soulagement et la délivrance des âmes du Purgatoire.</u>
Format : 20 x 14.5 cm - 346 pages - 15 €

Pensées Chrétiennes pour chaque jour de l'année

par Saint Alphonse de Liguori :
Ces Pensées Chrétiennes de Saint Alphonse de Liguori ne sont pas des méditations proprement dites, mais une intense nourriture de chaque jour, très utile pour grandir dans la Foi au Christ.
<u>Ce recueil est un véritable trésor spirituel, un concentré de la Foi, une vive Lumière pour embraser notre âme !</u> Format : 20 x 14,5cm - 260 pages - 12 €

Le mois de la Passion de Notre Seigneur Jésus-Christ ou la science du Crucifix

par le Père Pierre Marie :
Le mois d'Avril est traditionnellement consacré à la Sainte Passion de Jésus.
Aussi, ces méditations et prières nous seront très utiles pour honorer chaque jour de ce mois d'Avril, ainsi que pour tout le temps du Carême et à tout autre moment de l'année, si nous voulons contempler notre Crucifix et nous laisser enseigner par Lui. Format : 20cm x 14,5cm - 200 pages - 8 €

Fille de la Lumière - Sainte Philomène Vierge et Martyre - sa vie, ses miracles, son culte

par la Comtesse de Chabannes :
Cet ouvrage contient l'intégralité de la révélation de la vie et du martyre de Sainte Philomène à Sœur Marie Louise de Jésus. « *Maintenant, cher petit livre, va, va sur les ailes de l'Espérance et de l'Amour, dans tous les lieux où Sainte Philomène est pieusement honorée, pour redire, à ceux qui chérissent sa mémoire, son douloureux martyre, ses célestes gloires et ses innombrables bienfaits.* » Comtesse de C.
Ce livre est d'une grande richesse, tant historique que spirituelle, il nous aidera à mieux connaître et prier cette puissante Martyre. Format : 20 X 14.5 cm - 195 pages - Prix 10 €

Trois mois à sanctifier par la prière

par le Père Jean Baptiste B. :
Cet ouvrage de profonde piété, est un tout parfaitement homogène, un travail de valeur, d'une doctrine toujours sûre, uni à une diction heureuse, en

harmonie avec le sujet traité. C'est l'œuvre d'un seul prêtre éminent en science et en piété.
Le mois de Février est consacré à *la Sainte Famille (Jésus, Marie et Joseph).*
Le mois d'Octobre est traditionnellement appelé *mois du Saint Rosaire.*
Le mois de Novembre, consacré aux *Saintes âmes du Purgatoire,* nous sera utile pour penser à nos chers disparus. Format : 20 X 14.5cm - 200 pages - Prix 10 €

Un mois avec nos chers disparus

par l'Abbé B. L. Enfantin :

Pensons à nos chers disparus qui sont si souvent oubliés. Prions pour eux pendant les trente jours qui suivent leur mort, ou à l'anniversaire de leur décès. Cet ouvrage sera utile pour la méditation du mois de Novembre, en période de deuil, en tant de guerre, de cataclysme, d'épidémie, de forte mortalité... Nos chers disparus sauront nous remercier et nous ouvrirons eux-mêmes les portes du Ciel. Format : 20 X 14.5cm - 210 pages - Prix 10 €

Le mois de l'Enfant-Jésus

par l'Abbé Le Tourneur :

Le temps privilégié pour la méditation de ce mois de la Sainte Enfance commence le 24 Décembre, à la veille de Noël et se termine le 25 Janvier, mais à tout autre mois de l'année, nous pouvons vivre une intime retraite de guérison et d'enseignement, avec le Saint Enfant Jésus de la crèche.
Format : 20 X 14.5 cm - 260 pages - Prix 15 €

La plus belle histoire du monde - La vie de Jésus racontée aux enfants

par la Comtesse de Ségur :

La vie de jésus n'est pas un conte, mais une histoire vraie, la plus belle et la plus importante des histoires, qui a changé la face de la Terre. Ce livre est un merveilleux catéchisme, qui saura toucher les cœurs de nos enfants et les ouvrir à l'amour de Dieu. Format : 20 X 14.5 cm - 250 pages - Prix 12 €

L'Imitation de Jésus-Christ pour les « Tout Petits »

par un prêtre :

Admis à la réception des Sacrements, invités à prier davantage, les « Tout Petits » doivent encore apprendre à méditer. Puissent ces courtes et naïves méditations, composées dans l'esprit du plus sublime des livres humains, sortir les « Tout Petits » du terre à terre de leurs pensées et les habituer à mettre un peu de surnaturel dans leur vie ! Format : 20 X 14.5 cm - 190 pages - Prix 10 €

Deux mois à sanctifier par la prière

Mois de l'Immaculée Conception
Mois de l'assomption

Par le Vénérable Père Dom Gabriel Marie Fulconis :

Cet ouvrage est extrait des écrits d'un chartreux, intitulé : « L'âme sainte embrasée d'un ardent amour pour Jésus et Marie et d'une tendre dévotion envers leurs Cœurs Sacrés ».
Cette lecture sera très apprécié particulièrement en décembre et en août et à tout moment de l'année, si nous voulons vivre dans la douce intimité de Notre Mère du Ciel ! Format : 20 X 14.5 cm - 180 pages - Prix 10 €

L'Imitation de Saint Joseph

Prières, Méditations, Dévotion.
« Allez à Joseph et faites tout ce qu'il vous dira ! » Genèse 41, 55.
En plus des 31 chapitres qui composent cette « Imitation de Saint Joseph », le lecteur pourra compléter sa dévotion par une neuvaine, des prières spéciales et des méditations sur les vertus et les gloires du glorieux patriarche.
Imiter la vie et les vertus de Saint Joseph, c'est suivre le chemin glorieux du plus grand Saint après la Très Sainte Vierge, son épouse.
Format : 20 X 14.5 cm - 232 pages - Prix 12 €

Le Mois du Précieux Sang

Par l'Abbé Carney :

Ce mois du Précieux Sang nous offre la grâce de sanctifier le mois de Juillet consacré au Précieux Sang de Jésus et de nous plonger dans ce bain salutaire, grâce aussi à de très inspirantes prières, à tout autre moment de l'année !
Format : 20 X 14.5 cm - 264 pages - Prix 15 €

Le Mois du Cœur Immaculé de Marie

« Mon Cœur Immaculé triomphera ! »
Par Saint Alphonse de Liguori :

Paroles de Notre Dame de Fatima le 13 juillet 1917.
Chaque jour du mois d'Août, consacré au Cœur Immaculé de Marie, et à tout autre mois de l'année, entrons dans ce refuge des pêcheurs, dans cet Océan de Bonté, grâce à une méditation, une pratique, un exemple, et une prière
Format : 20 X 14.5 cm - 320 pages - Prix 15 €

Les Divines Paroles ou ce que le Seigneur a dit à ses intimes au cours des siècles Chrétiens - Tome Premier

Par l'Abbé Saudreau :

Quelles sont ces *« Divines Paroles ? »*

Ce sont des paroles adressées à des âmes saintes par le Seigneur, le Dieu Vérité et Amour. Tantôt elles se faisaient entendre dans l'air comme une voix venant du Ciel ; tantôt elles paraissaient sortir de la bouche du Crucifix ; tantôt elles étaient prononcées dans le mystérieux silence de ces âmes pendant leurs sublimes extases ; tantôt Notre Seigneur les leur adressait de ses lèvres dans ses divines apparitions.

Chaque jour, prenez et lisez quelques pages de ce livre en disant à votre âme : « Mon âme écoute le Seigneur et nourris-toi de sa parole. »

Format : 20 X 14.5 cm - 260 pages - Prix 15 €

Les Paillettes d'Or - Tome Premier

Par l'Abbé Sylvain :

Le pieux auteur qui a composé, sous le regard de Dieu, chacune de ces précieuses et lumineuses Paillettes d'Or, nous a laissé un véritable trésor spirituel. Il ne nous reste qu'à ramasser chaque Paillette d'Or, la méditer avec profondeur et laisser sa douce lumière éclairer et fortifier notre âme.

Format : 20 X 14.5 cm - 250 pages - Prix 15 €

Lys du Ciel - Sainte Thècle

Par l'Abbé P. Pourcher :

En plus de la vie, des miracles et du culte de sainte Thècle, cet ouvrage contient la révélation que sainte Thècle a faite à la Bienheureuse Anne-Catherine Emmerich sur sa vie et son martyre. Le lecteur y trouvera aussi des prières et des cantiques, ainsi qu'un mois de sainte Thècle, à méditer en priorité au mois de septembre, qui lui est dédié avec sa fête le 23 ou 24 septembre selon les pays. Cette grande sainte et thaumaturge continuera à nous venir en aide si nous le lui demandons. Format : 20 X 14.5 cm – 196 pages – Prix 10 €

Pour triompher des embûches du Démon

Par Louis Bremond

A notre époque moderne, où la flamme de la foi semble défaillir, où beaucoup se détournent de Dieu, pour se précipiter dans des sectes diaboliques, s'adonner à la magie blanche et noire et se consacrer à Satan ; ce livre est particulièrement nécessaire pour se protéger, se défendre et en définitive triompher des embûches du démon. Le lecteur y trouvera les prières de libération, de délivrance et de guérison les plus efficaces.

Format : 20 X 14.5 cm – 200 pages – Prix 10 €

Pour réussir une bonne et sainte Confession
Dialogues, faits, exemples

Par Louis-Joseph Chiavarino

Pourquoi cet ouvrage ? Certains prêtres très zélés, trouvaient que, malgré tant d'ouvrages, petits et grands sur le sujet, il n'y en avait pas d'assez simples et clairs, montrant aux fidèles : 1° Toute l'excellence de la Confession ; 2° La très grande importance de savoir bien s'en servir ; 3°La nécessité d'y avoir recours plus fréquemment… J'attends votre merci, chers lecteurs, puisque mon unique objectif est de vous faire expérimenter combien Jésus est bon !
Pour confirmer ce qui est dit par l'auteur, nous avons ajouté un témoignage actuel : celui de Gloria Polo qui « est morte » en état de péché mortel et qui raconte la descente de son âme en enfer où elle a failli tomber, si Dieu ne lui avait pas accordé une dernière chance de salut, en lui permettant de revenir à la vie pour nous avertir de ce danger. Format : 20 X 14.5 cm – 200 pages – Prix 10 €

Les Paroles de la Sainte Vierge ou l'âme à l'école de Marie
Tome Premier

Par l'Abbé Texier

Après avoir beaucoup lu et beaucoup retenu, l'auteur a agencé, dans un ordre harmonieux, les diverses révélations faites par la Sainte Vierge à ses amis. Son œuvre a donc une haute valeur, et sans aucun doute elle trouvera de nombreux lecteurs, avides de savourer une suave doctrine que leur enseigne le plus aimable des prédicateurs après Jésus, c'est-à-dire la Reine du Ciel. Voici maintenant le livre qui a pour auteur la Sainte Vierge. Format : 20 X 14.5 cm – 300 pages – Prix 15 €

Les Divines Paroles ou ce que le Seigneur a dit à ses intimes au cours des siècles Chrétiens - Tome Second

Par l'Abbé Saudreau :

Quelles sont ces *« Divines Paroles ? »*
Ce sont des paroles adressées à des âmes saintes par le Seigneur, le Dieu Vérité et Amour. Tantôt elles se faisaient entendre dans l'air comme une voix venant du Ciel ; tantôt elles paraissaient sortir de la bouche du Crucifix.
Chaque jour, prenez et lisez quelques pages de ce livre en disant à votre âme : *« Mon âme écoute le Seigneur et nourris-toi de sa parole. »* Format : 20 X 14.5 cm - 260 pages - Prix 15 €

Un mois avec Notre Dame de Lourdes

Par Henri Lasserre :

Cet ouvrage approuvé par le Pape IX et de nombreux évêques, a eu un immense succès lors de sa première édition en 1872, quelques années après les célèbres apparitions de Notre Dame de Lourdes à Sainte Bernadette Soubirous.

Il est spécialement réédité en l'honneur du grand Jubilé du 150e anniversaire des apparitions de la Vierge Marie à Lourdes (1858-2008). Les pèlerins et chaque chrétien pourront vivre une retraite d'un mois avec Notre Dame de Lourdes, avec chaque jour des méditations, une prière, une neuvaine, des litanies et des invocations.

Format 20 X 14.5 cm - 350 pages - Prix 15 €

L'Ange gardien

Par l'Abbé M-A Renaud :

Le lecteur aura le bonheur d'y découvrir de nombreux enseignements, éclairés par des exemples variés, captivants, et des faits surnaturels des interventions angéliques ; ainsi qu'une neuvaine, plusieurs belles prières, poésies et cantiques.

Ce livre sera d'un grand secours pour les adultes, comme pour les enfants... Format 20 X 14.5 cm - 240 pages - Prix 13 €

Sainte Rita - la Sainte de l'impossible et des désespérés

Les Quinze jeudis de Sainte Rita

Par le Chanoine L. Richard :

En plus de la vie, des miracles et du culte de Sainte Rita de Cascia, cet ouvrage contient les Quinze Jeudis de Sainte Rita, une neuvaine, un triduum, la messe, les litanies et d'autres prières à cette grande Thaumaturge.

Ce livre sera un remède efficace pour tous ceux qui souffrent, pleurent, se désespèrent, doutent, ne savent plus vers qui se tourner. Déjà Sainte Rita leur tend sa douce main. Format 20 X 14.5 cm - 250 pages - Prix 13 €

L'Esprit de Vérité - Don d'Amour - Hôte suave de l'âme

Par le Chanoine J-M Dussaut :

A notre mesure, sans prétention, mais confiante et joyeuse, nous voulons, par notre œuvre et œuvre efficace, nous voulons aider le Père et le Fils à répandre le Don d'Amour, avec l'Esprit de Vérité, et les faire voir,

contempler au *« Centre de l'âme »* dont ils daignent devenir les Hôtes miséricordieux.
« L'esprit de Vérité, le Don d'Amour, Hôte bien doux de l'âme » **: mais c'est la réalisation triomphale et bienfaisante de la *« vraie vie intense »,* du Royaume de Dieu, de Paix et Joie avec l'Esprit-Saint.**
Chacun pourra apprécier la très inspirante *« Neuvaine au Saint-Esprit »* de St Alphonse de Liguori, les Litanies, Consécration et autres prières et citations des Saints…
« Donc, aimons le Saint-Esprit » **S.S. Léon XIII Format 20 X 14.5 cm - 250 pages - Prix 13 €**

Visites au St Sacrement et à la Ste Vierge

par Saint Alphonse de Liguori :
Ayez donc grand soin d'unir chaque jour à la visite au Saint Sacrement la visite à Marie : faites-la lui dans quelque église, ou au moins devant quelqu'une de ses images dans votre maison. Si vous vous acquittez de cette pratique fidèlement avec amour et confiance, attendez-vous à recevoir de grandes faveurs de cette souveraine pleine de bonté, qui a coutume, selon la parole de saint André de Crète, de les accorder à quiconque lui offre le plus léger hommage.
St Alphonse de Liguori, célèbre Docteur de l'Eglise, nous offre 31 visites au St Sacrement et à la Sainte Vierge, soit tout un mois entier, avec une prière au début et à la fin. Format 20 X 14.5 cm - 230 pages - Prix 12 €

Pour aimer et faire aimer Marie

par le Frère Mutien-Marie de Ciney :
Ces lectures brèves sur les gloires et les bontés de Marie communiqueront aux âmes lumière et ferveur. Nous exprimons à l'auteur nos félicitations et notre reconnaissance pour tout le bien que ne manqueront pas de faire ces pages visiblement inspirées par un amour très tendre de notre bonne Mère. Nous lui donnons volontiers, ainsi qu'à son pieux ouvrage, notre paternelle bénédiction. + J.E. Cardinal Van Roey, Archevêque de Malines. Voilà le livre indispensable à ceux qui aiment et veulent faire aimer Marie !
Format 22 X 14 cm - 310 pages - Prix 18 €

Le Mois et l'Imitation de la Sainte Famille

par Abbé J. Berthier :
Aujourd'hui, que de familles séparées, en difficulté, en souffrance ! La famille est pourtant la première église domestique, la cellule vitale de nos sociétés. Il existe un remède puissant : « *l'Imitation de la Sainte Famille.* »

Ce livre redonnera force, courage, confiance, espérance, à ceux qui sont dans l'épreuve. Il offre en plus du mois (Février) et de l'Imitation, une neuvaine et des prières à la Sainte Famille.
Format 20 X 14.5cm - 290 pages - Prix 16 €

Le Manuscrit du Purgatoire et de l'Enfer

Le Manuscrit du Purgatoire contient des renseignements très intéressants sur la vie d'outre-tombe, notamment sur le Purgatoire, et ces renseignements sont entremêlés de très nombreux conseils de direction spirituelle. Son authenticité ne fait pas de doute.
Le manuscrit de l'Enfer a été trouvé dans les papiers d'une jeune fille morte au couvent après quelques années de vie religieuse... L'écrit se répand rapidement en éditions multipliées parmi les lecteurs toujours plus nombreux ; il creuse l'âme d'un frémissement d'émotion, de piété, en même temps que d'un sentiment d'horreur.
Format 21 X 15 cm - 176 pages - Prix 14 €

Saint Jean l'Apôtre bien-aimé

par Monseigneur L. Baunard :
Il m'a semblé, qu'il ne pouvait y avoir, dans nos jours de refroidissement et de ténèbres, d'histoire plus actuelle que celle de ce grand cœur et de ce génie lumineux. Elle répond aux questions les plus vitales de notre temps, comme au besoin le plus religieux des âmes : la question de la vérité, et le besoin de la charité. Jean est d'abord le témoin le plus considérable, comme le mieux informé, de la vérité divine. Les fidèles qui le liront y trouveront le disciple que Jésus aimait, la triple prédilection de la Sainte Eglise : le culte de l'Eucharistie, celui du Sacré Cœur, et celui de Marie.
Format 20 X 14.5cm - 373 pages - Prix 18 €

Le Saint Scapulaire du Mont Carmel

par l'Abbé de Sambucy :
« Reçois, mon cher fils, ce scapulaire de ton ordre, comme le signe distinctif de ma confrérie, et la marque du privilège que j'ai obtenu pour toi et les enfants du Carmel :
celui qui mourra pieusement revêtu du scapulaire, sera préservé des feux éternels ; c'est un signe de salut, une sauvegarde dans les périls, et le gage d'une paix et d'une protection spéciale jusqu'à la fin des siècles. » **Pour être efficacement protégés des attaques du Malin, des peines éternelles de l'enfer et des souffrances du Purgatoire, réfugions-nous sous le Manteau de Marie, Notre Mère, en recevant au plus vite l'imposition du scapulaire**

brun du Mont Carmel. Ce livre nous sera d'un grand secours. Et n'oublions pas que Marie est toujours fidèle à ses promesses !
Format 20 X 14.5cm - 220 pages - Prix 12 €

Pour éviter les pièges de Satan écoutons ses aveux

par le Père Sutter :

Le lecteur trouvera dans cet ouvrage quatre cas de possession grave, avec une heureuse délivrance, grâce aux exorcismes. Au cours de ceux-ci, les démons ont révélé par force, comment ils agissent pour piéger les âmes et les entraîner au péché. Ils nous dévoilent la puissance de l'eau bénite, des objets bénits, de la prière, des reliques des saints, ..., qui sont autant de moyens de les écarter.
Ces aveux de Satan sont particulièrement précieux aujourd'hui, où sa plus grande ruse consiste à faire croire qu'il n'existe pas et que l'enfer est imaginaire. Format 20 X 14.5cm - 266 pages - Prix 15 €

Les Grandeurs de Sainte Anne Mère de la Vierge Marie - Son culte - Ses apparitions - Son mois - Ses prières

par le Père G. Saintrain :

Ce manuel complet de dévotion à Sainte Anne renferme tout d'abord : L'histoire des apparitions en France à Sainte Anne d'Auray, le développement du culte de Sainte Anne en divers pays : au Canada (Beaupré), en Espagne, en Belgique…
Le lecteur trouvera ensuite *« Un mois de Sainte Anne »*, avec des considérations, des prières, etc., et des exemples édifiants pour chaque jour du mois.
En troisième partie, on trouvera deux neuvaines, un triduo, un petit chapelet à Sainte Anne, et d'autres prières et invocations à cette si grande Sainte. Format 20 X 14.5cm - 320 pages - Prix 18 €

Je te montrerai le chemin du Ciel - Catéchismes du Saint Curé d'Ars

par Monseigneur H. Convert :

Alors que Jean-Marie Vianney, arrivait la première fois près du village d'Ars, au lieu dit de la rencontre avec le petit berger Antoine Givre, le Saint Curé lui demanda son chemin. Il lui répondit : *« Tu m'as montré le chemin d'Ars, je te montrerai le chemin du Ciel. »* Cette parole devint aussi prophétique pour tous ceux qui ont eu la grâce de rencontrer de son vivant le Saint Curé d'Ars, ou tous ceux et celles qui aujourd'hui encore, 150 ans après son départ au Ciel, se mettent à son école en écoutant les précieux

enseignements qui se trouvent dans ses sermons et ses célèbres catéchismes, dont voici une nouvelle édition. Format 20 X 14.5cm - 220 pages - Prix 15 €

Pour aimer le Bon Dieu comme Sainte Thérèse de l'Enfant-Jésus

par le R.Père Martin :

« Je reviendrai sur la terre pour faire aimer l'Amour » **a dit Sainte Thérèse de l'Enfant-Jésus. Ce volume a pour but de les y attirer en plus grand nombre et de les faire marcher plus en assurance, en leur montrant plus en détail les pas à faire et les écueils à éviter.**

Prenons la main que nous tend sainte Thérèse de l'Enfant-Jésus et laissons nous conduire par elle vers le Cœur si aimant de Dieu. Format 20 X 14.5cm - 200 pages - Prix 12 €

Un mois avec le saint Curé d'Ars

Par Monseigneur Martin :

Pour nous aider dans ce pieux et salutaire exercice du mois de Marie, nous appellerons à notre secours les leçons et les exemples du Bienheureux Jean-Baptiste-Marie Vianney, Curé d'Ars. On sait avec quel empressement il profitait, chaque année, du retour de ce mois béni, pour ranimer dans sa paroisse la dévotion à la Sainte Vierge. C'est ce mois de Marie, tel qu'il était célébré à Ars, que nous voudrions pouvoir faire revivre, en donnant le plus souvent la parole au Bienheureux Curé, et en montrant dans sa sainte vie les fruits merveilleux de la dévotion à la Sainte Vierge. Format 20 X 14.5cm - 302 pages - Prix 17 €

Un mois avec Notre Dame de Pontmain

Par le Chanoine Aubert :

Pendant ce mois consacré à Marie, nous allons méditer ensemble cette dernière et récente apparition de Pontmain qui renferme tant de si beaux enseignements ; au pied de l'autel de notre divine Mère nous nous demanderons aussi, dans ce pieux souvenir de son apparition, quel est le motif de cette nouvelle visite de la Reine des Anges.

A ses pieds, nous puiserons dans la méditation de ses bontés et de ses conseils maternels de grandes consolations et de précieuses faveurs. Ce mois béni sera pour nos familles, pour chacun de nous, un mois de grâces et de salut. Format 20 X 14.5cm - 366 pages - Prix 18 €

Le mois de la Sainte Face

Par l'Abbé J.B. Fourault :

Depuis longtemps déjà les fidèles désiraient un ***Mois en l'honneur de la***

sainte Face qui pût les aider, par une série de méditations spéciales, à nourrir le culte de réparation qu'ils aiment à rendre à la Face adorable de Notre-Seigneur Jésus-Christ.
Les trente et une méditations dont se compose l'ouvrage sont inspirées par les invocations composées par la sœur Saint-Pierre, et chacune d'elles est le développement d'une de ces invocations sorties si suavement du cœur de la sainte religieuse. Format 20 X 14.5cm - 314 pages - Prix 17 €

Le mois des Saints Anges

Par l'Abbé Enfantin :
C'est donc travailler au bien des âmes, que de faire naître ou d'entretenir la dévotion envers les Saints Anges. Ce sera, nous l'espérons, le fruit de ce petit livre, _Mois des saints Anges_, composé par un Prêtre de notre Diocèse + Pierre, _Evêque de Valence._
Retrouvons une totale confiance dans la puissante intercession des Saints Anges, ce livre nous sera d'un grand secours ! Un _point de Doctrine_, sur le sujet, commence l'exercice de chaque jour du mois. Ce point de doctrine est confirmé par un ou plusieurs _traits de l'Ecriture Sainte_, qui viennent à l'appui. Quelques _réflexions pratiques_, suivies d'une courte invocation, de neuf _Gloria Patri (Gloire au Père…)_ pour honorer les neuf Chœurs des Anges. Format 21 X 15cm - 152 pages - Prix 14 €

L'Ascension de votre âme

Par l'Abbé Marc :
Les Saints l'ont dit : « _On ne comprendra le prêtre qu'au Ciel._ » Là-haut, il sera aimé, indiciblement aimé. C'est lui qui peuple le Royaume de Dieu. Il y fait entrer des petits enfants par le baptême, des malades et des vieillards par l'extrême-onction… Par son verbe de feu ou ses écrits, il met de la pureté dans les consciences, il fait éclore des vocations, il les soutient par ses conseils… il vous mène de degrés en degrés jusqu'à la Jérusalem céleste… Les plus hautes figures religieuses ont pris leur élan et leurs inspirations dans sa parole. _« Ô mon divin Maître, ce bon ange je voudrais l'être pour tous ceux qui liront ces pages… Puissent-elles provoquer l'Ascension des âmes »_. Format 20 X 14.5cm - 267 pages - Prix 16 €

Le plus beau des livres : le Crucifix donnant ses leçons à tous

Pour comprendre le Crucifix il faut le lire, c'est-à-dire, il faut le regarder, le considérer. On rencontre encore en beaucoup d'endroits ce signe de notre salut ; mais entre-t-on beaucoup dans les mystères qu'il révèle ? Approfondit-on les leçons qu'il donne ? Or, c'est pour y engager les âmes

pieuses, que j'ai recueilli ici quelques idées. Si l'Esprit-Saint, de qui vient tout don parfait, daigne les bénir, elles ne manqueront pas d'éclairer, de consoler et de fortifier. Le divin Sauveur est notre Maître ; puissions-nous comprendre ses leçons, et être fidèles à y conformer notre conduite dans toutes les circonstances de la vie!
Format 20 X 14.5cm - 370 pages - Prix 18 €

Pensez-y bien : La Mort - Le Jugement - L'Enfer - Le Paradis

Pensons bien à préparer chaque jour notre éternité ! Ne soyons pas comme les insouciants qu'y ne veulent pas y songer et qui ensuite le regretteront ! Ce livre sera un précieux guide pour nous rappeler les fins dernières et suivre le chemin du Ciel. Ce livre a été vu et approuvé par le Cardinal J. E. Van Roey Archevêque de Malines.
A diffuser largement… il y a des âmes à sauver !
La pensée de la Mort, du Jugement, de l'Enfer et du Paradis est si efficace pour nous engager dans le bien, que j'ai cru qu'il ne serait pas inutile de la rappeler dans l'esprit des jeunes gens, pour qui principalement j'ai entrepris ce petit ouvrage, et qui d'ordinaire n'y songent guère. (Tout le monde est concerné !) Format 21 X 15cm - 128 pages - Prix 12 €

Sanctifions l'année par la prière

Livres de notre collection « Prière et Dévotion »

Janvier : livre *« Le mois de l'Enfant-Jésus »*
par l'Abbé Le Tourneur

Février : livre *« Trois mois à sanctifier par la prière »* par le Père Jean Baptiste B,
voir 1ère partie intitulée **« Le mois de la sainte Famille »**

Mars : livre *« Le mois de Saint Joseph »*
selon Saint Alphonse de Liguori
ou le livre *« L'Imitation de Saint-Joseph »*

Avril : livre « *Le mois de la Passion de Notre Seigneur Jésus-Christ* » par le Père Pierre Marie

Mai : livre *« Le mois de Marie »*
par l'Abbé Robert

Juin : livre *« Le mois du Sacré-Cœur de Jésus »*
par Saint Alphonse de Liguori

Juillet : livre *« Le mois du Précieux Sang »*
par l'Abbé Carney

Août : livre *« Deux mois à sanctifier par la prière »*
par le Père Dom Gabriel Marie Fulconis, chartreux
voir la 2ème partie intitulée
« Le mois de l'Assomption »
Livre *« Le mois du Cœur Immaculé de Marie »*
par le Père Saint Omer, Rédemptoriste,
d'après Saint Alphonse de Liguori

Septembre : livre *« Un mois avec Saint Michel Archange »* par l'Abbé Videloup
Livre *« Lys du Ciel - Sainte Thècle. »*
Mois de septembre dédié à Sainte Thècle par l'Abbé P. Pourcher

Octobre : livre *« Trois mois à sanctifier par la prière »* par le Père Jean Baptiste B,
voir 2ème partie intitulée **« Le mois du Saint Rosaire »**

Novembre : livre *« Trois mois à sanctifier par la prière »* par le Père Jean Baptiste B,
voir 3ème partie intitulée **« Le mois des âmes du Purgatoire »** ou le livre *« Un mois avec nos chers disparus »*
par l'Abbé B.L. Enfantin
ou le livre *« Bonheur et souffrances des Saintes âmes du Purgatoire »* par le Père Etienne Binet

Décembre : livre *« Deux mois à sanctifier par la prière »* par le Père Dom Gabriel Marie Fulconis, chartreux
voir la 1ère partie intitulée **« Le mois de l'Immaculée-Conception»**

Pour plus de renseignements sur chaque livre (pages, format, prix, contenu...) voir nos pages de présentation en fin de livre.